JN065541

沖縄、
思いが伝わる
つくり手を
巡る旅。

島の装い。TRAVEL BOOK

INTRODUCTION

はじめまして。

ぼくたちは、沖縄本島・離島のつくり手が集うイベント「島の装い。展」、沖縄の〝ものづくり〟で暮らしを装う日々の店「島の装い。STORE」の運営を通して、つくり手を繋ぎ、沖縄の〝ものづくり〟の魅力を伝える「島の装い。プロジェクト」という活動をしています。

ぼくたちの言う〝ものづくり〟には、手でつくることだけでなく、自然やひと、未来を思い、豊かに暮らすための「なにか」を生み出す行為の全体を含めたいと思っています。だから、クラフトからコスメ、イラストやデザイン、食べものももちろん、多種多様なものづくりをこの本では紹介しています。

沖縄のものづくりには、工夫があって個性に溢れ、地域への愛が詰まっています。そういった「つくり手の思いや体温が伝わるもの」と暮らすことが、ぼくたちの暮らしを豊かにしてくれると思うのです。だからぼくたちの大好きなつくり手の物語を、もっと多くの人に届けたくて、本をつくることにしました。この本は沖縄のものづくりを伝えるための、ぼくたちのものづくりでもあります。

本にまとめるにあたり、沖縄本島・離島を巡り、53のつくり手を訪ねました。海の見える場所で、古いアパートの一室で、いろいろな場所で、つくり手たちはそれぞれの思いを持ってものづくりと真摯に向き合っていました。そんなひとつひとつの物語から、沖縄の空気や、暮らしや、文化を感じ取ってもらえたら嬉しいです。

次の沖縄旅行ではつくり手を巡ってみるのはどうですか?ちょっと時間のある時の読みものに、沖縄を知りたい、感じたいと思ったときに、そしてもちろん旅のおともに、この本を使っていただけたら嬉しいです。

島の装い。プロジェクト

サンアートの陶芸

CONTENTS

《アイコン紹介》

CRAFTS

FASHION & ACCESSORIES

FOODS

SWEETS

DRINK

COSMETICS

ENTERTAINMENT

本島北部
伊江島
伊平屋島

HOKUBU / IE ISLAND / IHEYA ISLAND

—

01 - 10

上／タッチューをバックに良い笑顔の金城さん
下／カラフルで形もユニークなオーバル皿

宿は物語の中に出てくるような建物

01

カーサ・ビエント 金城和樹

カーサー・ビエント／キンジョウカズキ

［伊江島］

島の風に吹かれつくる心と暮らしに響く器

陶芸家・金城和樹さんの屋号である"カーサ・ビエント"は、スペイン語で「風の家」という意味で、彼の営む宿の名前でもある。お客さんを迎えながら、島唯一の写真館で写真を撮り、伊江島のシンボル・伊江島タッチューが一望できる工房で作陶する。金城さんは、三足の草鞋を履く陶芸家。

陶芸で行き詰まった時に宿のお客さんとのやり取りに救われたり、写真を撮ることで器のインスピレーションになったり、「それぞれが風を通してくれるんです」と、忙しさを感じさせない笑顔で話してくれた。伊江島ならではの営みがもたらす様々な感覚がそれぞれに作用して、自然と変化していく自分の表現と会話をしながら、暮らしの営みの一環として陶芸と向き合う。やさしさとあたたかみがあり、宿の造形にも通じる世界観を持つ器は、内なる創造性とつかい手への想いが詰まっていて、独創的な形や色でありながら、持てばすっと手に馴染む。完成した器たちは全てに、水分や油分が染みついたりしにくくなる"目止め"

インスピレーションをスケッチに

という工程を自身で施している。個人でそこまで手をかける陶芸家はあまりいないのだが、金城さんは気軽に使ってもらうための手間を惜しまない。

一度は伊江島を離れ、京都でデザインの道に進んだ金城さん。その頃の経験や考え方が今の陶芸にも確かに活きていて、色の組み合わせや使い勝手の良い形などはその賜物。島外での経験があるからこそ、好奇心を持ち続けることの大切さとインプットの楽しさを実感したそうで、今でもアートや音楽、他のつくり手の陶器にもビビットな感動を受けて、それがまた自身の作品へとフィードバックされている。いいものに出会った時の、金城さんの少年のようなリアクションが自分は大好きだ。

コロナ禍が落ち着いてきて陶芸以外の活動も忙しくなってくる中でも、島の装い。STOREでの個展の際には新たな表現にチャレンジにしてくれた。けれど、思うようにいかない部分もあったそう。でもそれも「窯を焚くたびに毎回違うからおもしろいんですよね」と笑う。金城さんのまだ見ぬ新たな表現がそう遠くない未来にきっと見れるのを、心待ちにしている。

「心がふるえるような、会話ができるような、その人の生活空間に作用するような、そんな器がつくりたい」と話す金城さん。日々思慮を深め、島の風をうけて、まだ見ぬ自身の表現へと向かっていく。（ゆ）

伊江村字東江上549
MAP P155
☎0980-49-2202
※定休日・営業時間はお問い合わせください
kazuki_kinjyo

右／絵付けをする前のマグカップが並ぶ工房
左／ギャラリーにはゴブレットやレアなシーサーも

宿に泊まると金城さんの器でもてなしてくれる

工房の縁側で草編みをする是枝麻紗美さん

02

種水土花《シュミドカ》

［伊平屋島］

島で暮らし 島を思う 長く巡り続ける 民具を思い描いて

本島北部にある運天港から船で80分。目を見張るほど美しい海に囲まれた伊平屋島で、是枝麻紗美さんは民具の工房「種水土花」を営んでいる。

沖縄らしい瓦屋根の古民家と、敷地内の倉庫を整えた工房は、穏やかな時間が流れる落ち着く空間。洗練されたセンスが垣間見えるのは、東京で人気のスタイリストとして活躍していた経験があるからだろう。キャリアを手放し、宿を営みたいと移住した伊良部島で、おばぁたちのつくるクバのカゴと出会い、その独特なマテリアルに魅了された。スタイリストという仕事に体力的な限界を感じ、生業を求めていた麻紗美さんは「民具なら長く携わっていけるかも」と感じ、独学で学び始めた。そしてクバなど民具づくりに使える植物が豊かな島、伊平屋島に母子で移住し「種水土花」をスタートさせた。

麻紗美さんと種水土花の営みは、とにかく島の暮らしと密接。民具につかう素材は山に詳しい

上左／民具づくり体験は、クバのランプシェードの下で　上右／青い空に白い瓦屋根が映える「種水土花」の工房

下左／見つけた天然のクバを収穫　下右／ショップへは陽が差し込むこの扉から

方と採りにでかけたり、時にご近所さんからいただいたり。素材の仕込みや制作も島嫁さんたちとチームになり、力をあわせて進めている。「県外からやってきていきなり民具の工房をつくって、きっと変な人だと思われている。それで、心配で助けてくれるんです」と笑う。村の会議にも参加していて、地域の自治にも積極的に関わる。「何をするにも、必ず〝島のこと〟に繋がる。島で暮らす当事者だから、島のことを思い、考えて、ちゃんと発言したいんです」。そんな麻紗美さんの存在はすっかり島の人々に欠かせないものになっていて、島の自治と未来に関わる様々な会議や活動への参加の打診が絶えない。取材の間も地域の

種水土花の作品が揃うギャラリーショップ

右／編む前に、クバの葉を水に浸して下準備
中／我喜屋の稲藁ほうき
下／飾られた麻紗美さんの作品たち

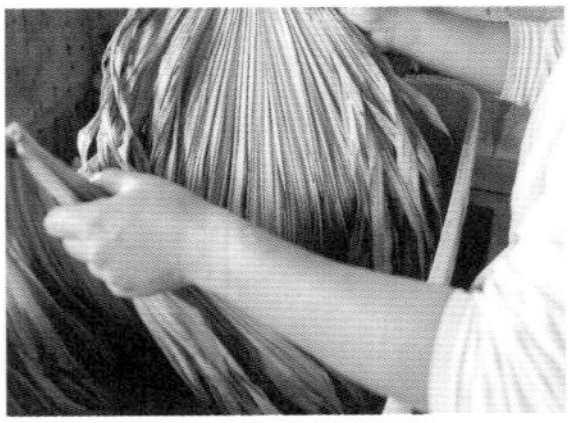

人が訪ねてきたり、工房前の道からあいさつの声が届いたりして、その存在の大きさを感じることができた。

「調べれば調べるほど、民具って過去のデータがないんです。人から人へ、つくってあげるよ。みたいな感じでつくられてきたから」。誰かが続けなければ、なくなってしまう。民具づくりは、しっかり根付いた文化のようで、実はとても儚い。だからこそ様々な観点で民具を捉え、未来に続いていく仕組みをつくりたい。島の素材を使い、島の人の手でつくり、島外でしっかり売れるようブランディングと生産量を検討する。島の穏やかな暮らしと、大好きな民具づくりが長く続いていくようにと願って。(も)

上／照れながら微笑む是枝麻紗美さん
左／クバオージ(クバ扇)のような種水土花の看板

島尻郡伊平屋村我喜屋2135-63
MAP P155
☎ 090-1944-6702
9:00〜12:00、13:30〜17:00
火水休(+不定休)
syumidoka

上／焙煎から提供まで全て行う広々とした店内
下右／本部町の森の中で一際目を引く建物
下左／ドライブの途中にぴったりなすっきりとしたコーヒー

03

COFFEE SENTI

コーヒーセンティ

［本部町］

軽やかで懐の深い誰もが安心して楽しめる場所を

本島北部・本部町の山間の道に突如として現れる三角屋根のモダンな建物がCOFFEE SENTIだ。2021年にオープン以来、北部のドライブに欠かせない存在となっている。2023年には沖縄本島中部・浦添市に2号店もオープンした。店主の眞栄田健志さんは、落ち着いた口調のため静かな印象だけど、実はとてもフットワークが軽い。「新しいものやおもしろいと思うことには反応していきたい」と、お店を経営しながら県内外のイベントに参加したり、店舗内でコーヒーのコンテストや展示をしたりと、動きも展開もすこぶる速い。新世代の沖縄コーヒー業界を牽引する存在だ。

「お店は好きだけど、ずっとお店にいるのは落ち着かなくて。いろんなことを吸収して、お店やコーヒーにフィードバックしていきたいんです」と話す眞栄田さんが目指すのは、”クリーンでポジティブなコーヒー“と、”誰もが安心して過ごせるお店“という、間口の広い表現。

どっしりと構えながらも、絶えず動きまわり、研鑽を欠かさない。地元の人も観光のお客さんも分け隔てなく気軽に入れて、新たな驚きのある一杯のコーヒーを提供できるお店にしていくために。（ゆ）

本部町並里1241-11
MAP P155
☎電話番号非公開
🕓11:00〜17:00
不定休
coffeesenti_motobu

至る所から誰にでも開かれた雰囲気が感じられる

上・中／カラフルで食べたら元気が出そうな野菜たち　下／畑の葉っぱを食べるヤギが小屋から顔を出す

04

山パ農園

ヤマパノウエン

［本部町］

もっと上の「パ」を目指しておいしいを育てる

「おいしい果物を食べて〝イヒッ〟てなってくれたら嬉しい」と、愛嬌たっぷりな笑顔で話す山パ農園の福井慎吾さん。

「おいしい、うれしい。」をモットーに本部町の海が見える畑で、農薬に頼らず、有機農法での資源の循環を意識しながら果物と野菜、そして山羊も育てている。「農作物は種まきから収穫までが長いのですが、食べてくれる人の顔や食卓を想像しながら育てるのが楽しいんです」。

山パの「パ」はこの農園の代名詞でもあるパッションフルーツとパイナップルの「パ」。ロゴマークにすると山は「ヘ」と書く。なぜかと聞けば「上を目指す」という意思表示。それはもちろんもっと「おいしい」を目指すこと。

レイシの木に囲まれて笑う慎吾さんは青空がよく似合う

そうして育てられた収穫物は、安全なのはもちろん香りや味わいが豊か。「食べてる人の顔が見たいから、ホントはお家について行きたいくらい」。冗談めかして笑いながらも「おいしい」への想いはひたむきだ。飲食店との連携やイベント出店など、おいしいを体感できる活動にも積極的。時期によっては収穫体験もできるので、ぜひ慎吾さんと一緒に、畑で「おいしい、うれしい。」を見つけて、味わってみてくださいね。（ゆ）

本部町具志堅600
MAP P155
☎0980-48-3808
yamapa.okinawa

ブロックプリントのワンピースやストールが並ぶ

作業部屋でちひろさん。ミシンを使って縫製をすることもある

05

kafull
カフル

しあわせが満ちる手しごとの布

長屋ちひろさんにはじめて会ったとき、なんてキラキラと笑うひとだろうと思った。それはちひろさんの目に映る、あざやかな色彩のせいだったかもしれない。

本島北部、自然豊かな今帰仁村に暮らすkafullのちひろさんは、私たちにインドの手しごとを伝えてくれている。着古しのサリーや家庭にある布を剥ぎ合わせて重ね、刺子をしてつくられるカンタキルト。真っ白な反物に手彫りの木版を色の数だけトントンと重ねていくブロックプリント。カラフルな色彩と、暮らしの中で使われてできる"擦れ"や手しごとによるちょっと曖昧な"ズレ"。これらが醸しだすあたたかみは機械では表現できないものだ。

伝えたいのは「手しごとの価値」。それはつくり手の"時間"と"想い"がたくさん詰め込まれたものがもつ価値のこと。いまもなお感じる身分制度の名残や、必ずしも良いとは言えない労働環境。色彩の裏にある「その国の現状も伝える役になれたらいいなと思います」。カフーとは沖縄の方言で果報のこと。それが満ちるように(full)と造ったのが「kafull」という名前。「手に取った人が、うきうきしてくれるのが1番うれしいです」。(は)

kafull213

右／日常使いのカンタキルト
左／壁にはインドの職人の写真が飾られている

「地域の酒をつくろう」と本島北部・大宜味村の田嘉里集落に住む人たちの出資によって始まったやんばる酒造は、五代目の池原文子さんの代になっても変わらずに〝やんばるの酒〟を造り続けている。やんばるのおいしい水を活かして仕込まれる〝まるた〟を「地域の暮らしの中で飲んでもらって、やんばるに来た人をもてなす酒にしたい」と文子さんは闊達に話してくれた。

　地域の住民はもちろん、生産者や飲食店との関係性を大切に、〝やんばるもあい〟というファンミーティングのような取り組みをしてつながりを広げ、深めていく。地域の人々に親しんでもらい、やんばるに飲みにいきたいと思ってくれる観光客を増やして、顔の見える商売を

続けていく。実のところあまり明るい話題が多くはない泡盛業界にあって、そんな文子さんの話は現代の閉塞感を軽やかに飛び越えていくような希望を感じさせてくれた。

　自分の生まれ育った田嘉里で、人が集まる場所として在り続ける酒。そして集まった人々の関係をつなげるお酒。そんな風景を残していきたいという文子さんの思いは単なる懐古主義じゃなくて、泡盛というお酒が持つ"力"を信じる、文子さんの未来への眼差しなのだ。(ゆ)

大宜味村田嘉里417
MAP P155
☎0980-44-3297
9:00〜17:00
日休
yanbarushuzo_maruta

06

やんばる酒造

YANBARU SYUZOU

[大宜味村]

地域の酒で繋げる あの頃の風景と 新しい営み

P28・右上／泡盛について笑顔で話す池原さん
左上／主要銘柄のまるた
下／醸造所併設の直売所
P29・上／発酵中の泡盛が入ったタンク
下／原料となるタイ米

07

kot'oli

コトリ

［伊江島］

手から手へ想いや縁を編んでいく

つくり手であり、伝え手でもある。

伊江島でアダン葉帽子のつくり手・ボーシクマー（帽子を編むひと）として活動する屋嘉比りささん。植物がもつ癒しのチカラに惹かれ、その想いはアダン葉帽子だけに留まらず、月桃のアクセサリーやクバのカゴなどもつくる。そして最近では、気まぐれ花屋としてお花のアレンジなども手掛けていて、植物への愛が留まることがない。

活動の幅を拡げながらも、りささんの本懐は変わらずボーシクマー。かつては"琉球パナマ帽"とも呼ばれ、沖縄の産業として栄えていたが、戦後に途絶えてしまっていた帽子を編む技術。りささんは伊江島のおばぁから直接技術を習ったという沖縄本島在住の糸数弓子さんに出会い、その技を継承することで伊江島に技術を持ち帰った。それからは島でアダン葉帽子をつくり続け、さらには次の編み手へと技術を伝えている。一度途切れてしまった技術が巡り合わせで島へと帰り、また現代に拡がっていくのはとても素敵なことだと思う。

右／いろんな表情のアダン葉帽子
左／ひと目ずつ丁寧に編む P31／自然に感謝を込めながらアダンを刈るりささん

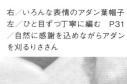

棘のあるアダンを採取、天日干しのあと何日もかけて編み上げ、やっとできあがるアダン葉帽子。「自分の子どもみたいなものだからね」と笑顔で見せてくれた帽子は、細やかな編みの美しさと、軽やかなかぶり心地が魅力。そして現代のボーシクマーがつくってくれるからこそ、いまの暮らしに溶け込む上品な仕上がりに。島に自生するアダンを人の手で丹念に編み上げていくからこそ同じものは生まれないし、つくれない。かぶってみて自分にピッタリなお気に入りが見つかった時の喜びはひとしおだ。

りささんは「伊江島で生まれた帽子が気に入った人の手に渡り、伊江島への興味や愛着

P32／帽子だけではない編みの技術も　P33／素材選びから真剣そのもの

右／形や大きさも様々なカゴたち　左／涼しげであり、手しごとのあたたかみも

工房情報非公開
※お問い合わせはインスタグラムか伊江島観光協会へお問い合わせください
Ikotoli

が湧いてくれたら嬉しい。そして、その帽子をかぶって伊江島に来てくれたらもっと嬉しい」と話す。だから、島に住む他のボーシクマーの作品も一緒に島外へ紹介したり、先人たちが培った編みの技術を伝承したりと、文化と喜びを人から人へとつなげている。

Kot'oliの名前の由来となった絵本「ハチドリのひとしずく」に出てくる「私は私に出来る事をしているだけ」という言葉。ひとりの行動はささやかなものかも知れない。けれど続けることでいつか、周囲に響き、成し遂げられることがある。りささんは今日も丁寧に、ひと目ひと目と、草を編む。（ゆ）

上／先代であるお父さんと
二人三脚で茶葉を育てる

上右／茶葉の苗たち　上左／摘みたての新芽
下右／広い加工場には大きな機械が
下左／淹れる温度や量、時間も考え抜いている

08

金川製茶

カニガワセイチャ

［名護市］

最初の一枚から最後の一滴までおいしく飲んでもらうために

竜一さんは常に"おいしさ"について考えている人だ。

本島北部・名護市にある金川製茶の四代目・比嘉竜一さんは、先代から引き継いだ茶畑を全て緑茶から紅茶に変えて、国産紅茶のコンテストで3年連続グランプリを獲得するほどの紅茶を作り上げた。

だが、そこで歩みを止めず、飲食店のオーナーや料理人と交流をする内に「料理人に求められる、もっと料理に合う紅茶にしたい」と、栽培・発酵（加工）・抽出に至る全ての工程で、どうすれば料理との相乗効果が生まれるのかを考え抜いていく。そうして毎年リリースされる紅茶は、沖縄県内の料理人やパティシエなどから熱烈な支持を得るようになった。

金川製茶の紅茶は繊細で飲み疲れしない。でもしっかりとした味わいで奥行きがある。収穫した年や葉を摘む時期によって茶葉の状態が変わるので、その時のベストを探り続ける。

「素材そのものの味をコントロールするのは難しいけど、おいしくする努力はどれだけでもできるので」。茶葉を育てるところから飲む人の喉を通るまで、おいしく飲んでもらうことだけを、竜一さんはいつも考えている。（ゆ）

うつくしい茶畑で手摘みをする竜一さん

名護市伊差川494 ※店舗無し
☎ 0980-53-2063
kanigawa_seicha_1956

09

へんな優

HENNA YU

「ふつう」のメガネをはずして「へんな」を探す

へんな優さんは、アートディレクターでデザイナー。恩納村のちいさな集落にある事務所には「へんなデザイン」の看板。

「へんな」デザインなんて名前で大丈夫？と心配になってしまうけど「大丈夫です！」と、返事に迷いはない。なぜなら、へんなさんの仕事は、クライアントの「へんな」ところを探すこと。「ふつう」が常識、正しい、とか言われるけれど、へんなさんはそう思わない。だってそれは、いままではそうだった、とか、多数、と言うことしか意味してなくて、本質ではないことも多いから。

だから一生懸命、クライアントの「へんな」部分を探す。それはその人にしかない、愛おしくて、唯一無二のものだったりするのだ。そうして見つけた「へんな」ところに、「へんな」

部屋の隅がへんなさんの定位置

デザインを加えることで、多くのひとに伝わりやすくて他にはないものに変えていく。

へんなさんが生み出すものは、デザインにせよ、紙もの雑貨にせよ、関わる人の「人となり」を感じるものが多い。それは、「ふつう」を良しとせず、本質を見つめようという、へんなさんの視点があるからこそなのだと思う。

「ふつう」のメガネをはずしてみたら、ほら、「へんな」がユニークですてきなものに見えてきた。(は)

@henna_yu

右上／事務所の看板の前で　右下／「島の装い。STORE」のロゴもへんなさんによるもの　左上／人となりやストーリーを感じるデザイン　左下／沖縄のくわっちー（ごちそう）を模様にしたQUWACINAシリーズ

主要銘柄である
イエラムのゴール
ドとクリスタル

10

伊江島蒸溜所

イエジマジョウリュウジョ

［伊江島］

イエラムを暮らしに馴染む島のお酒に

浅香さんを中心に、スタッフと協力してラムを仕込んでいる

ここ10年ほどで沖縄県内でもクラフトビールやジンなど、泡盛以外のいろいろなお酒が造られるようになっているけど、その先駆けのひとつが伊江島のラム酒「イエラム サンタマリア」。「ウチはラム酒しか造っていないので、集中して向き合えるのが強みですね」と、凛とした眼差しで製造責任者である浅香真さんが話してくれた。手刈りされた伊江島のサトウキビを絞って蒸留されたイエラムは、クセが少なく、飲み方次第で食前・食中・食後とどんなシーンにも合うお酒。さらに県産の素材でフレーバーをつける「イエラボ」シリーズや、世界中から集めたさまざまな樽を使ってラムを熟成させる「ボヤージュ」シリーズなど、新たなチャレンジも。興味深かったのは、造る年や季節でラムの味わいが変わるということ。アルコール度数の高い蒸留酒であっても、採れるサトウキビで味が変わる。それに合わせて調整、その時のベストを尽くして製造しているのだ。

「泡盛を造る文化が無かった伊江島で、島のお酒として暮らしにも馴染んで、イエラムが島の自慢になれるように」と、日々探究し、味わいを研ぎ澄ませ続けている。（ゆ）

伊江村東江前1627-3
MAP P155
☎0980-49-2885
9:00〜17:00
土日休
ierummaster

COLUMN 1

旅の途中のカフェ

okinawa cafe list

外人住宅に古民家、海の見える絶景カフェや、アメリカンなお店。多種多様な文化が入り混じる沖縄だからこそ楽しみたい、旅の途中に立ち寄るべきカフェ。

珈琲喫茶カメシマ ［嘉手納町］

コーヒーキッサ カメシマ

何度でも通いたくなる喫茶店

店内にはコーヒーの香りが漂い、ナポリタン、チキンオムライス、あんバターサンドなど心弾むメニューが並ぶ。ふくよかな味わいのコーヒーと共に時間を忘れてゆったりと過ごせる喫茶店。

嘉手納町嘉手納494-9 MAP P156

coffeekissa_kameshima

CALiN cafe & zakka《カラン カフェ&ザッカ》 ［名護市］

亜熱帯植物の中の古民家カフェ

本島から車で渡れる離島「屋我地島」にあるカフェと雑貨のお店。古民家を改装した店内では、旬の野菜をふんだんに使ったプレートやパフェの他、姉妹店「しまドーナッツ」のドーナッツも楽しめる。

名護市運天原522 MAP P155 calin_cafe_zakka

tou cafe and gallery《トウ カフェ アンド ギャラリー》 ［読谷村］

やちむんの魅力に触れるカフェ

やちむんの里「北窯」の松田米司さん・健悟さん親子の作品を扱うカフェアンドギャラリー。カフェではカレーを中心としたメニューを味わい、器の手触りを確かめることができる。ギャラリーでは作品の購入も。

読谷村伊良皆578 MAP P156 tou.cafeandgallery

クルミ舎《クルミシャ》 ［北中城村］

アンティーク×スパイスカレー

北中城村の住宅街にひっそり佇む隠れ家のようなカフェ。アンティークの調度品が並ぶ店内ではスパイスカレーや盛りつけも美しいデザートが味わえる。スパイスカレーミックスはお土産にもおすすめ。

北中城村渡口1871-1 MAP P156 kurumisha20

PLOUGHMAN'S LUNCH BAKERY《プラウマンズ ランチ ベーカリー》 ［北中城村］

海を望むベーカリーカフェ

水分量の多い生地を長時間発酵させたもっちりとした食感のパンは、天気のよい日に海を望むテラス席でサンドウィッチ・サラダ・スープのプレートでいただくのがおすすめ。ドライブのお供にはテイクアウトも。

北中城村安谷屋927-2 MAP P156 ploughmans_okinawa

珈琲ロマン《コーヒーロマン》 ［沖縄市］

おいしい笑顔が集う店

沖縄市の中心から少しはずれた住宅街にある、自家焙煎のコーヒーと自家製のケーキや軽食が楽しめる喫茶店。どこか懐かしさを感じる空間は、旅行者からも地元のひとからも愛されるみんなの憩いの場。

沖縄市上地2-14-20 MAP P156 coffeeroman_okinawa

mofgmona ［宜野湾市］
モフモナ

器好きにおすすめしたいカフェ

木の温かみを感じる空間と、副菜のひとつひとつまで丁寧に盛り付けられるプレート。同じ建物の3階には、県内のつくり手を中心とした陶器やガラス、生活雑貨などを扱う「mofgmona no zakka」も。

宜野湾市宜野湾2-1-29 1F　MAP P156　mofgmona

COFFEE SHOP ララミー ［那覇市］
コーヒーシャープ ララミー

心地よい音楽とコーヒーと

ジュークボックスが置かれたレトロな店内は、ほっと落ち着く心地よさ。ネルドリップで淹れるコーヒーと、1枚ずつ生地を焼きあげるシンプルなオリジナルパンケーキがおすすめ。

那覇市寄宮153-3 1F　MAP P156
laramie-coffeeshop.blogspot.jp

一月と八月 ［那覇市］
イチガツトハチガツ

コーヒーとトーストと古道具

緑豊かで静かな住宅街、公園の隣にある喫茶室と古道具のお店。センス良く並んだ古道具と程よくつくりこまれた空間が広がる店内では、1杯ずつ淹れられるコーヒーとじっくり焼かれたトーストが楽しめる。

那覇市小禄3-5-7　MAP P156　ichigatsu_to_hachigatsu

KRAMP COFFEE SOTRE ［沖縄市］
クランプコーヒーストア

ゆったりと至福のカフェタイム

上質なコーヒー豆をふんだんに使った1杯は深いのにやさしい味わい。サンドイッチやケーキ、焼き菓子もいただくことができ、本棚には気になるタイトルがずらり。心ゆくまでカフェタイムを堪能できる。

沖縄市泡瀬5-32-2　MAP P156　krampcoffeestore

As tart & coffee ［石垣島］
アスタルトアンドコーヒー

石垣島、タルトとコーヒーのお店

石垣島の中心街の「石垣アパートメント」の1階にあるちいさなお店。ショーケースには地元の素材や季節毎のこだわりの材料を使ったタルトや焼き菓子が並び、コーヒーと一緒に楽しむことができる。

石垣市大川207-1 石垣アパート 1F 東3　MAP P157　as_tartcoffee

※メニューは掲載内容と異なる場合があります。
最新の営業情報は各店舗までお問い合せください。

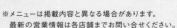

本島中部
本島南部
久米島

CHUBU / NANBU / KUME ISLAND

—

11-34

カラフルなアイスクリームに一枚ずつ焼いてくれるワッフルコーンが絶品

11

CAFUNE

カフネ

［普天間］

おいしいもの好きがつくる自由で平和なアイスクリーム

「アイスクリームって平和な食べ物ですよね」。

それは、沖縄本島中部・普天間にある人気のアイスクリーム屋さんＣＡＦＵＮＥの店主・平良葵さんの口から自然に出てきた言葉。

パン好きが高じて日本のみならず世界各地のパンを食べ歩き、イベントや本を企画してその良さを伝えてきた葵さん。沖縄へ移住を決め準備を進めていたある日、ふとお風呂で思いついたのがアイスクリーム屋さ

撮影中も近所の住民や常連さんが通るたび二人に声をかけて、地域に馴染んでいるのを実感

ん。「どこかで修行をしたわけではないけど、おいしいものが好きでいろいろ食べてきたことが活きていると思う」。そんな食いしん坊ならではの経験値と、独学だからこその自由な発想で考えたレシピでおいしいアイスをつくり出し、今やＣＡＦＵＮＥは推しも推されぬ人気店だ。

店名を冠したフレーバー「カフネ」はココナッツミルクとウコンのアイスに、シークヮーサー果汁とポピーシードのソースを混ぜる不思議な組み合わせで、テーマカラーである黄色をまとったクセになるおいしさ。驚くようなフレーバーとの出会いが楽しいし、季節のフルーツなども上手においしく組み合わせてくれるのが嬉しい。

パートナーの平良洋さんと看板犬のレオもいつも一緒。洋さんは「甘いものが好きでコーヒーも好きなので、働いているというよりは暮らしている感じ」と言いながら、にこやかにアイスを掬ったりコーヒーを淹れてくれたり。

自由な葵さんと穏やかな洋さんの雰囲気に吸い寄せられるように、お客さんだけでなくいろいろなつくり手が集まってくる。CAFUNEで展示やイベントを企画することは「最初から考えていたわけじゃなくて、たまたまお店が広かったから、友人知人に使ってもらっていただけなんです」と、葵さんは何事もないように言うけれど、それこそふたりの人柄と、アイスクリーム屋というお店の良い意味での

アイスは明るい店内でイートインして食べるもヨシ、
普天間の街を散歩しながら食べるもヨシ

気軽さが、人の集まりやすい空気をつくっているのだと思う。

「ちいさな個人店が街をつくっていくのって良いじゃないですか」という言葉とおり、CAFUNEがオープンしてから、いくつかのユニークなお店がオープンするなど普天間の街は間違いなく人の興味を惹く街になっている。米軍基地のある街で食べる丸くて甘いアイスクリームが、たくさんの人を平和で幸せな気持ちにしているのは、なんだかとても希望のあることだなと思う。（ゆ）

宜野湾市普天間2-12-6
MAP P156
☎ 098-987-6614
12:00〜17:00
日月休
cafuneokinawa

上／常連の親子もアイスを手に嬉しそう　右下／カウンターでのおしゃべりにも花が咲く
左中／ギフトにも良いカップアイスも種類豊富　左下／看板犬のレオはとってても甘えん坊

ひとつひとつガラスに空気を吹き込んでいく

ショップには様々な形の一輪挿しが並ぶ

12

ガラス工房ブンタロウ

ガラスコウボウブンタロウ

［北中城村］

だから今日も一輪挿しをつくり続ける

一輪挿しばかりつくっているのは、お客さんとの対話の機会をつくるため。

一般的なガラス工房は、絶えず火を焚き続ける。けれど、北中城村にショップ兼工房を構えるガラス作家の壷内文太さんが火を炊くのは月の半分ほど。なぜなら、残り半分はイベントなどへ顔を出し、ガラスのおもしろさや魅力を広めるための活動をしているから。

きっかけはパラオ共和国で携わったガラス工房の立ち上げだった。現地の人にリサイクルガラスの啓蒙を行い、それがひとつの国のゴミ問題や観光資源の課題に貢献するほどの成果をあげた。「ガラスがつくれる、それだけなのに役に立つことができた」。その思いが今の活動に繋がっている。ガラスという素材が好き。ガラスにしかない表現があるのも知っている。でもそれだけを追い求めたいわけではない。ガラスの魅力を広めてガラスに関わる業界を盛り上げたいのだという。

店内にはコロンとした一輪挿しが並ぶ。「なんで一輪挿しばかりつくってるんですか?」と誰かがたずね、「実はガラスってね、、」と会話が始まっていく。床には出番を待ったくさんの廃瓶が並んでいた。(は)

北中城村安谷屋1022
MAP P156
※営業情報は直接お問い合せください
buntaroh_g

ガラスを通して光がやわらかく灯る

13

平と米の制作所＝平米

ヘイトベイノセイサクジョ＝ヘイベイ

平と米
かけ合わせるから
生まれるカタチ

乾燥され出番を待つ木材

工房の扉に大きく描かれた「平と米の制作所＝平米」の文字。お揃いのユニフォームで迎え入れてくれたのは、平安山なほみさんと米須美紀さんのふたり。手掛けているのは、沖縄県産の木材を使った家具や器。琺瑯の容器のように縁がぷっくりとした「ロウホウシリーズ」や、やちむんの紋様が描かれた「やむちんシリーズ」は、いまや平米の代表作だ。イメージから形にしていく平安山さんと、使いやすさや機能美から考えはじめる米須さん。ふたりのものづくりのアプローチは違うけれど「使いやすく美しい、そいとげたくなる家具や器」という目指すゴールは同じ。だからこそ、互いの感覚を擦り合わせるとより奥行きのある平米の形ができあがる。本音でぶつかり合える関係だからこそ生まれる作品だ。

「平米はいつも楽しそうだよね」と声をかけられることが多いふたり。その作風から〝ユニーク〟とか〝風変わり〟というのが他の人からみた平米らしさ。でも実は目指しているのは「シャープさ」だったりする。「平米、ちょっと大人なところもあるんです」と、ふたりはおどけて楽しそうに笑った。（は）

heibeiworks

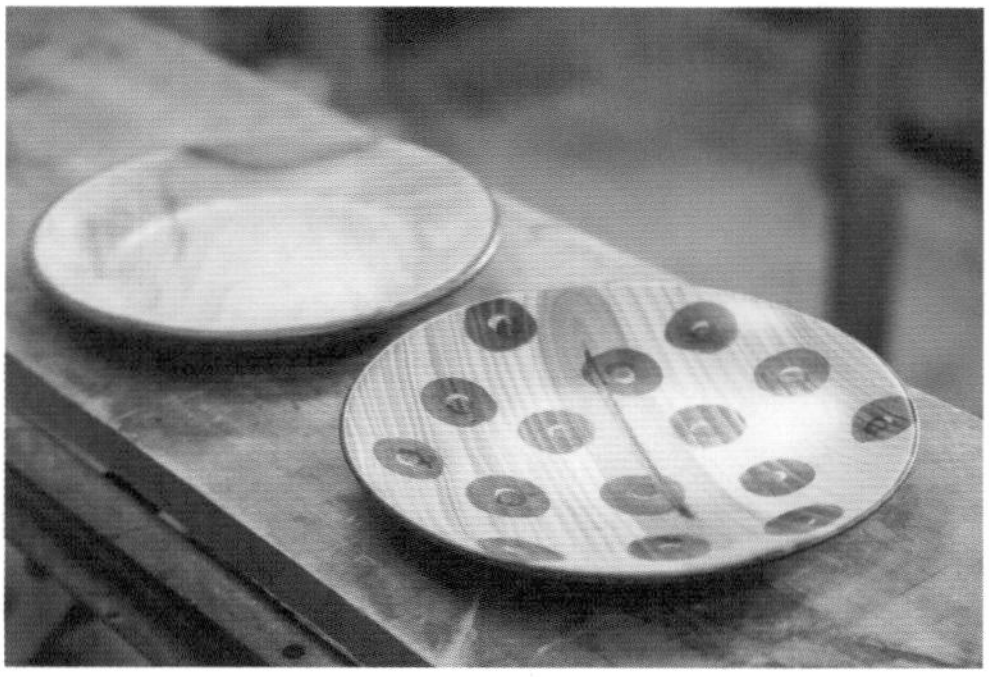

上／木材から必要な形を切り出していく　右下／工房の入り口には大きく㎡の文字
左下／ロウホウシリーズとやむちんシリーズの木皿

14

羊羊
YOYO AN FACTORY
ヨウヨウ アン ファクトリー

［ 北中城村 ］

幼いころの記憶を紡いでつくる菓子

どら焼き、おはぎ、豆大福。北中城村にひっそりと店舗を構える「羊羊 YOYO AN FACTORY」は、沖縄では馴染みのうすい〝和菓子〟の専門店。東京でWEB制作やグラフィックの仕事をしてきた武山忠司さんが、沖縄移住後に「新たな挑戦を」と考えたのが曾祖父の代からの家業「和菓子屋」だった。とはいえ祖父の代でお店は閉じ、和菓子づくりは一からの独学。幼い頃に感じた香りやお店の気配を頼りに和菓子づくりがはじまった。

目指すのは「日常のお菓子として気軽に楽しんでもらう」こと。それはあたり前だけどむずかしい、シンプルで一途な想い。そのために日々向き合うのは、一定のクオリティを維持した上で誰も気付かないようなちょっとした〝自分の中でのアップデート〟を重ねていくこと。今後挑戦したいことは？と尋ねると、より良いものを届け続けるために「働きやすい環境をつくりたい」というまっすぐな答えが返ってきた。そこには身近なひとから幸せにしていきたいという、ともに働くスタッフへのあたたかくて強い思いがあった。菓子木型が静かに並ぶ店内にはほんのりとあんこの炊ける匂いが漂い、和菓子を求めて今日も人々が集う。（は）

北中城村字喜舎場366

MAP P156

☎ 098-979-5661

10:00～16:00

年中無休

yoyo.okinawa

鍋や木型などの道具類は実家の和菓子屋から引き継いだもの

右／甘さ控えめのあんを挟んだ人気のどら焼き
左／スタッフと並ぶ武山さん(左)

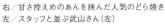

Labrador
Retriever
PRINTING INK

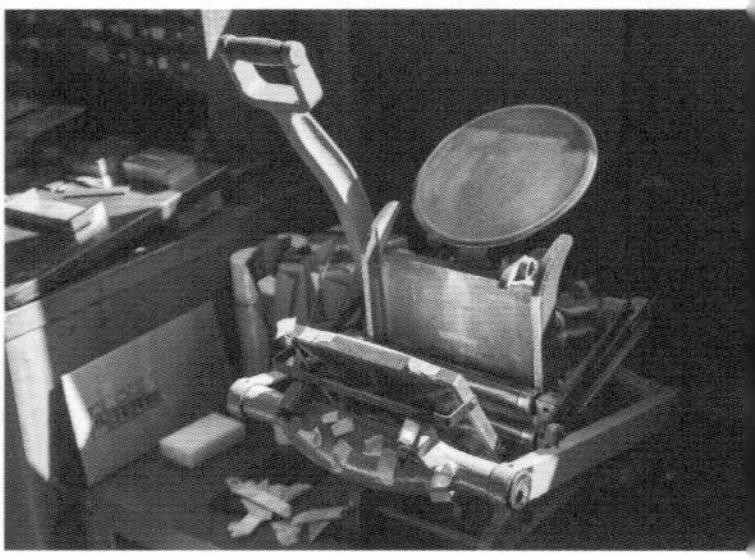

上／活版印刷機プラテン　右中／色の組み合わせで「それっぽく見えるメモ帳」シリーズ　右下／手動活版印刷機　左下／様子を見ながら版を調整していく

15

中村活版印刷所

ナカムラカッパンインサツジョ

［ 南風原町 ］

想いとともに 刷っていく

代表の知念由紀さんと印刷工の町田宗明さん

南風原町にあるショップ兼工房には棚いっぱい活字が並び、活版印刷機「プラテン」が趣きある佇まいで鎮座する。中村活版印刷所は、代表の知念由紀さんが印刷工の町田宗明さんと営む印刷所。譲り受けたというプラテンと2台の手キン（手動活版印刷機）を使い、名刺のオーダーを受けるだけでなく、オリジナルの一冊を作る「Oh! my Note!」など、ユーモアのある紙雑貨をつくっている。活版印刷はインクののった紙の匂いや手触りがたまらなく良い。「凹みをつけたい、とオーダーを貰うことが多いけど、本来の活版印刷は凹ますものではないんです」。いかにフラットにムラ無く印刷するか、というのが技術力の高さなのだそう。それでも敢えて凹ませて印刷するのは「昔の技術を使って、今のニーズに合わせたものをつくる」という過去へのリスペクトを込めた信念があるから。知念さん自身も凹んだ活版印刷の手触りに惚れこんだ。だったらお客さんにも思い思いにつくってもらいたい。好みややりたいことを丁寧に聴き取って、1枚の紙にしっかりと刷り込んでいく。凹んでたっていい。もちろんフラットだっていい。そこに「想い」があれば。（は）

南風原町宮城440-1
MAP P156
☎098-835-6560
9:00〜17:30
日月火祝日
第1・3土 休
nakamurakappan

16

NANTOUYAKI

ナントウヤキ

南島焼とNANTOUYAKI 変わらないものと変わっていくものと

大きく窓を開いた風通しのよい工房で、気持ちよさそうにろくろが回る。沖縄市の住宅街にあるのは、石垣島出身で陶芸家の両親を持つキャサリン・ロリマーさんが営む「NANTOUYAKI」のギャラリー兼工房。おおらかな造形とは裏腹にそこには曼荼羅など緻密な絵付けが施される。

ロリマー家の陶芸は粘土づくりからはじまる。スコップと堆肥袋を持って山に行き土を掘る。持ち帰った原土は攪拌し3日間ほど炊いて粘土に。自分の工房を持つようになってもこの工程は変わらない。「両親がずっと使ってたんです、沖縄の粘土」。だからキャサリンさんにとってはこれが普通。コシをみながら3〜4種類の粘土を混ぜ、ろくろにのせたら土と相談しながら挽いていく。

曼荼羅を描くのは、お父さんの故郷ニュージーランドで出会った陶芸家ケイトリンさんの言葉がきっかけ。紙に描いた曼荼羅を見て「これを描きなよ」と。それまでお母さんの工房「南島焼」のモチーフを描いていたけれど、自分の道が広がった。そして今も人との出会いに刺激を受けてつくりたいものは日々変わっていく。「変わるって、成長してるってことかなって」そう言って朗らかに笑う。(は)

catherine.lorimer.nantouyaki

右／光と風がよく入る工房で
左／ピパーチやドラゴンフルーツをモチーフに

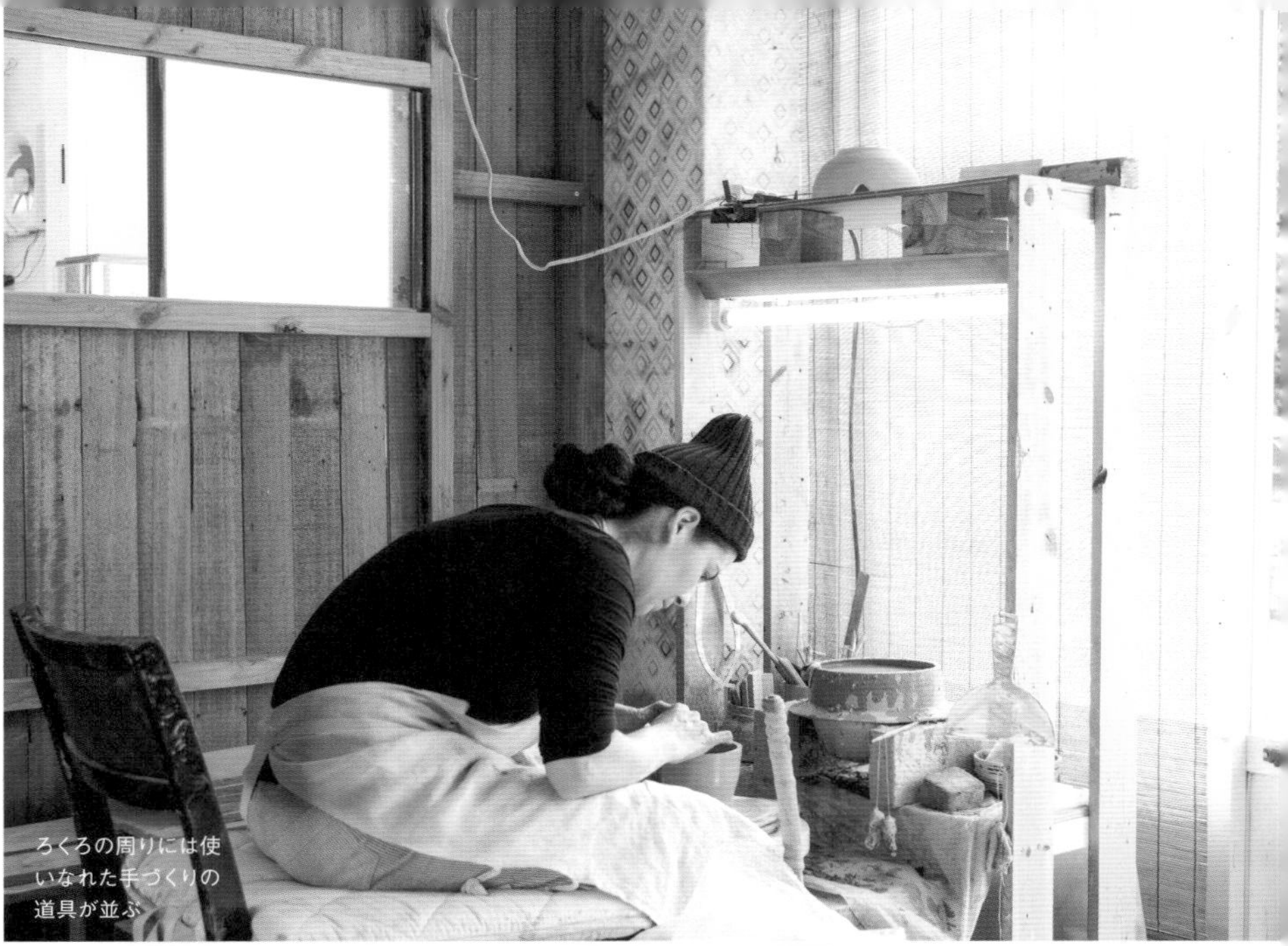

ろくろの周りには使いなれた手づくりの道具が並ぶ

ニュージーランドでつくったはじめての作品

店主自らが仲間たちとつくった薪窯でバチッ!と焼いた強めの焼き目。潔いほどにシンプルな素材と製法。ずっしりとしていて小麦が香るダイレクトな味わい。commonsのパンを「かっこいい」と思ってしまうのはきっと、そこに店主・金城勇作さんの生き方が表れているからだ。

「生まれ育った読谷村に根付いたお店でありたい」と話してくれた勇作さん。それは店名にも表れていて、"コモンズ"という言葉は社会学で"共有材"のような意味を持つ。大学時代に社会学や政治学を学び沖縄や世

窯や長い木のパーラなど、思いの詰まったものに囲まれて

気持ちの良い朝日を浴びながら、焼き上がったパンを運ぶ勇作さん

界の情勢を知るうちに、人間の営みや関係性が酵母の動きに似ていると感じた。そこからパンづくりに興味を持ち、「宗像堂」での修行を経てcommonsをオープン。

パンのつくり方から素材や道具選び、店の内と外を仕切らない造りやヒンプンを模した看板まで、勇作さんが思いを込めたものばかりが積み重なってcommonsは成り立っているから、味だけじゃない〝厚み〟を感じられるパンが焼き上がる。

そこはパン屋であり、地域の共有の場所。だからきっと、出会いやつながりでどんどん形を変えていく。「おもしろいことだけやっていたいですね」と笑いながら、勇作さんは今日も早朝から窯に薪を焚べる。（ゆ）

17

commons

コモンズ

［ 読谷村 ］

地域や人が繋がる共有という名のアツいパン屋

上／店先でローズマリーを摘む　中／バチッ！と焼き上がったパン　下／看板は能勢孝次郎によるもの

読谷村喜名2281-1
MAP P156
☎ 098-989-8069
10:00〜14:00
日月休
commons.okinawa

中村桜士さんとサトミさん

上／影が作り出す線もうつくしい　右下／自宅1階の工房スペース　左下／手作業で均一な形がつくられていく

18

nakamurakeno shigoto

ナカムラケノシゴト

想いも、線も心地の良い暮らしへまっすぐに

2018年に沖縄に移り住んでから続いていた住処探しがようやく落ち着き、「nakamurakenoshigoto」の中村桜士さん、サトミさん夫婦はいま、南城市の海を眺める見晴らしのよい場所で、ものづくりをしている。

それは「心地の良い暮らしとはなにか」を問うところからはじまる。例えば、ふたりがつくる器は良い意味で主張が少ない。だから、どんな料理にも合う包容力があってつい手に取る頻度が高くなる。ろくろを回すのは主に桜士さん。そして最終的なデザインにOKをだすのはサトミさん。基本的な形はできるだけ直線で、シンプルに。カーブも「かわいらしくなりすぎない、うつくしいカーブ」というこだわりがある。「このカーブはOKだけどこれはだめ、という基準はいまだにぼくもちょっとわからない」と桜士さんは笑う。こだわりを曲げたものはつくりたくないから「選んでもらえるとすごく嬉しい」とサトミさん。飽きのこないシンプルさと、汎用性の高さ。細部にこだわるからこそ見えてくる、心地の良い暮らし。穏やかな景色の中で熱めのお茶をいただいた。カップから唇に伝わる感触が心地よく、何度も手を伸ばしていた。（は）

nakamurakenoshigoto

19

nunomono works
ヌノモノワークス

心も体も軽やかに いつまでも着続けたい 島の日常着

お気に入りのワンピースを着て家をでる。風に揺れるワンピースの裾がさらりと心地よく足首にあたる。そんな些細なことで「良い日になりそう」と思えてくる。

ヌノモノワークスの具志堅由貴さんがつくるのは、女性のライフスタイルにあった日常着。ブランドのイメージを壊さないように、と言って由貴さんはいつも自分の写真を撮らせてくれないのだけど、ユーモアがあって、でも、ちゃんと見るべきところを見てはっきりものを言う彼女の印象は、ヌノモノワークスの服そのものだな、と思う。

「クラゲワンピ」や「海の帰りワンピ」など名前はなんだかユニークでも、シルエットや素材など細部にまでこだわりがあって、使い勝手がとにかく良い。「今日の私、なんか良い感じかも」と思わせてくれるシンプルだけど気の利いたシルエットや絶妙な色合い、肌に馴染む天然素材は、毎日でも袖を通したくなる着心地のよさ。それでいてジャブジャブ洗えるのもうれしい。こだわりの繊細さと、抜け（ユーモア）のバランスがたまらない、着れば心と体を軽やかにしてくれる、それがヌノモノワークスがつくる服。（は）

天然素材のワンピースは沖縄の気候にぴったり

nunomonoworks

20

紅型小暑《ビンガタショウショ》

パフェもプリンも暮らしに馴染む紅型に

上／とんとんと色をつけていく　下／板橋亜弥さん

bingata.shousho

紅型のモチーフといえば花鳥風月と思い込んでいたから、板橋亜弥さんがつくる意外な絵柄を目にして驚いた。でも、それは紅型らしい鮮やかな色彩と絶妙にマッチしていて、ちゃんと「紅型」だった。

板橋さんは茨城県出身。美術科の高校の修学旅行で訪れた沖縄に興味を持ったことがきっかけで手にした「琉球紅型」という本。それまで知らなかった染めの色鮮やかさに「これをつくりたい！」と思い立ち、大学でテキスタイルを学んだあとに沖縄に移住。6年ほど紅型の工房などで技術を学んだのち、2022年に独立した。

単純に絵を描くよりも、描いて彫って染めて洗ってという工程を経た方が変化の過程がおもしろいと感じる。手間は掛かるけれど紙もの雑貨をつくるときも、紅型で染めてからというこだわりをもつ一面も。

紅型の先生が、着物や小物など自分の作品を惜しげもなく使わせてくれる人だった。その時の嬉しさが心に残っているから、日常で紅型をもっと使いたい、と願う。パフェにパンケーキ、プリンなどは、だれだって素直にかわいいと思えるモチーフ。板橋さんは、自由に「いま」を表現し、紅型を暮らしのなかに、溶け込ませる。(は)

パフェを描いたトートバック

上／お店の前で 高江洲毅さんと美沙さん
下／季節の野菜を使った「faidama定食」

21

食堂 faidama

ショクドウ ファイダマ

［那覇市］

畑の景色がみえる路地裏の食堂

潮風にあたって育つ人参は割ると甘い蜜が溢れ、庭の片隅に植えた3本のパパイヤは1年で100玉の実をつける。

那覇の浮島通り近くで高江洲毅さんと美沙さん夫婦が営む「食堂faidama」は、そんな沖縄のパワフルな野菜をふんだんに使って日々のごはんを提供するお店。使う野菜は毅さんのお父さんが耕す畑や、近くのファーマーズマーケットで手に入れる。安心して使える素材を育ててくれる人が近くにいるのがいちばんの強み。沖縄の食卓でさえ馴染みの薄い野菜もどんどん取り入れているので、ときにはマーケットで会ったおばぁに「にぃに、これどんなして使うの」と聞かれることもあるくらい。

素材の魅力をひき出して「こんな食べ方もできますよ、という提案ができたら」と、毅さんは手にした野菜を愛おしそうに丁寧に調理していく。「沖縄の食材を使って、地元の人も喜ぶお店ができたら」とはじめたお店も8年目。これから取り組んでいきたいのは、育ちすぎたり形が崩れた野菜を使った加工品づくりだ。「いずれはそういう形でも、地域に貢献していきたいんです」。(は)

那覇市松尾2-12-14-1F
MAP P156
☎098-953-2616
🕓11:00〜18:00
店内飲食は15:00まで。
物販コーナーは18:00まで
※営業時間変更の場合はSNSにてお知らせ
⌂月火水休
◎shokudou_faidama

花びら1枚ずつ繊細に染め上げる

アトリエにはたくさんの作品が並ぶ

22

屋比久ちひろ
ヤビクチヒロ

色を重ね生きた作品で想いを伝える

ちょっとクールでロックな見た目に人懐っこい笑顔、情熱にあふれた大きな愛が周りの人をどんどん惹きつける。

草木染めアーティストの屋比久ちひろさんが手がける作品は、どれもちひろさんの"らしさ"であふれている。和紙を染めてつくりあげる花や蝶々。幾重にも染め重ねられた作品はどれも独創的で、勝手に持っていた草木染めのイメージを簡単にひっくり返してしまった。

おばあさんから引き継いだ草木染めは、幼い頃は全く興味を持てないものだった。ものづくりへの真摯な姿勢を見て「絶やしてはもったいない」とはじめたそれが、いつしかちひろさんの生き方を変え、出会う人までも変えていった。いまは「いつか古城で展示したい」と考えている。ちひろさんの発想は自由で、想像もつかなかった世界へ広がっていく。草木染めを通して伝えたいのは「人生は"ちょっとしたきっかけ"で変わる」ということ。誰かが、知らなかったものに興味をもったり、あたらしい世界に踏みだすきっかけに、自分の作品がなれたらうれしい。だからこそ「生きた作品」をつくり続ける。先人たちが残してくれた技法を応用して、自分なりの色で、表現で。人の心を動かす、感じさせることのできる「生きた作品」を。(は)

chihiro_yabiku_japan

23

マキノコーヒー

MAKINO COFFEE

［ 久米島 ］

コーヒーのために渡ってきた土地でコーヒーを通して豊かに広がる営み

さらっと「凝り性なんです」と言うけれど、その凝り方がとんでもない。牧野秀樹さんは、まさにそんな人。

とある喫茶店で飲んだコーヒーのおいしさに衝撃を受け、抽出、焙煎と段階を重ねれば重ねるほど探究心は燃え上がり、ついには原料から自分の手で！と思うまでに。そして久米島ならコーヒーの栽培ができるだろうと、移住を決意。現在は島の農家さん達と連携を取りながら、久米島産コーヒーの未来を開拓している。

この日に案内してもらったのは安里順さんが営む「山玉城コーヒー園」。海を望む高台にコーヒーの木が整然と並び、今年初収穫だというコーヒーチェリーが赤くなっていた。この畑だけで30kgほどの収量があるそう。とはいえ、久米島のコーヒー農家一軒ずつではまだ収量が少ない。そこをロースターでありバリスタでもある牧野さんが取りまとめ、〝久米島ヌーヴォー〟というネーミングで世界に向けて久米島のコーヒーを発信している。2023年は山玉城コーヒー園と「しらせコーヒー園」のふたつの農場の豆をそれぞれの特徴に合わせて牧野さんが精製から焙煎までを行なったそう。

上／コーヒー園の至る所に実がなっていた
下／赤く熟した久米島産コーヒーの実

慣れた動きで実を収穫する牧野さん

コーヒーカップやコースターにもこだわりが

球美中学校の前に佇む
マキノコーヒー

まだ発展途上である久米島のコーヒー産業を盛り上げて、しっかりとした産地に育てる為に牧野さんはアイディアを出し、活動している。久米島産コーヒーが日常で飲める日はそう遠くないのかも？と期待が高まる。お店で使うものにもこだわりが見える。自身で訪ねたり、直接コミュニケーションを取って選んだ様々なつくり手のマグカップにコーヒーを淹れてくれて、その下には久米島紬のコースターを敷く。革新的な作品と地元の伝統、そして自身の表現をその一杯に落とし込む。

「つくり手の良さをマキノというフィルターを通して表現したい」と、厳選した世界中の豆も自家焙煎で用意。一方では映画や音楽、その土地などからインスピレーションを受けてつくるブレ

山王城コーヒー園の安里さんと牧野さん

赤いケトルで一杯ずつドリップ

久米島町謝名堂906-39
MAP P156
☎電話番号非公開
13:30〜17:30
月火休
makino_coffee

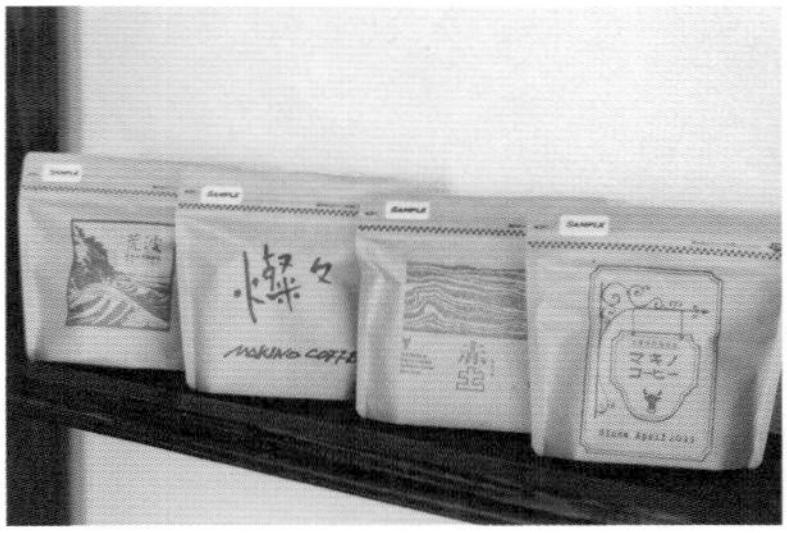
個性の光るオリジナルのブレンドたち

豆の発酵状態をわかりやすく見せてくれた

ンドは牧野さん自身の世界観を表現。沖縄の赤土をイメージしてブレンドされたその名もズバリな「赤土」や、出身地である兵庫県但馬地方の日本海の荒々しさを表現した「荒波」など、表現もユニークで飲んでみたくなる。近年ではアジアの産地にも注目をして自らの足でコーヒー園を尋ね、生産者と直接コミュニケーションをとって豆を仕入れるなど、フットワークも軽く、久米島に新たなコーヒーカルチャーを持ち込むことに抜かりがない。

　自分が立っている土地のコーヒーを育み、外の世界にも目を向け、そして自身のフィルターを通しておいしさを表現する。久米島のコーヒーの世界は、牧野さんを通して豊かに拡張し続ける。(ゆ)

牧野さんの所作を眺めながら、コーヒーを待つ

フクギ並木は16歳の時に辿り着いた思い出の場所

24

福島千枝《フクシマチエ》

前世からの約束に導かれ 自ら道を切り開く

福島千枝さんの舞はしなやかで強く、そしてうつくしい。

大阪府出身の千枝さんは、琉球舞踊の世界では異色の"フリーランス"の踊り手。16歳のとき初めて沖縄を訪れ、導かれるように琉球舞踊の道へ足を踏み入れた。だけど人の繋がりを重んじる沖縄で千枝さんは「異端児」で、思うように仕事に恵まれない時期もあった。それでも少しずつ仕事を掴み始めた矢先、コロナ禍が世界を襲った。

仕事が停滞していた2021年、友人のジュリア・メカラーさんと琉球芸能公演「琉球乙女は恋をする〜恋フェス〜」を企画した。スタッフ手配、演目決め、資金調達など全て自分たちで行い、男性舞踊家が主流の組踊に敢えて女性のみの公演を組んだ。伝統を受け継ぎつつ新しいエッセンスも加える。それがとても好評だった。

突き動かすものが何なのか「自分でもよくわからない」と言う。とあるユタには「琉球舞踊をやるのは前世からの約束」と言われた。諦めかける度に人の助けや勇気をもらう出来事が起き、引き戻される。舞台に立てなかった時期を乗り越え、ようやく自分の力で舞台に戻って来れた公演前のひとり稽古中、涙が止まらなかった。(は)

琉球紅型や絣の衣装を身に纏う

chieokinawa555

この作業台からothersのアクセサリーは生まれる

右上／色の組み合わせはつくりながら決めていく　右下／ひとつひとつ手作業でつくりあげる　左上／ケースにはカラフルなパーツがぎっしり　左下／玄関横に置かれたお気に入り

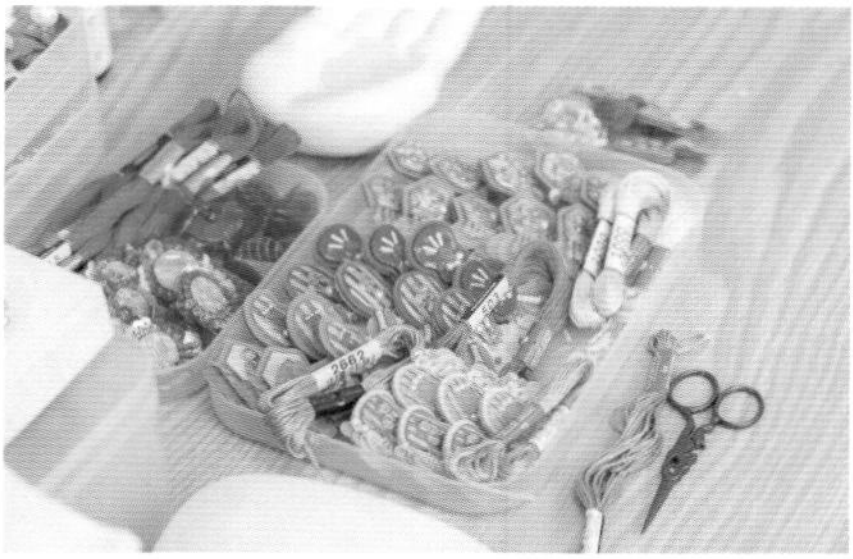

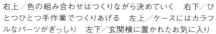

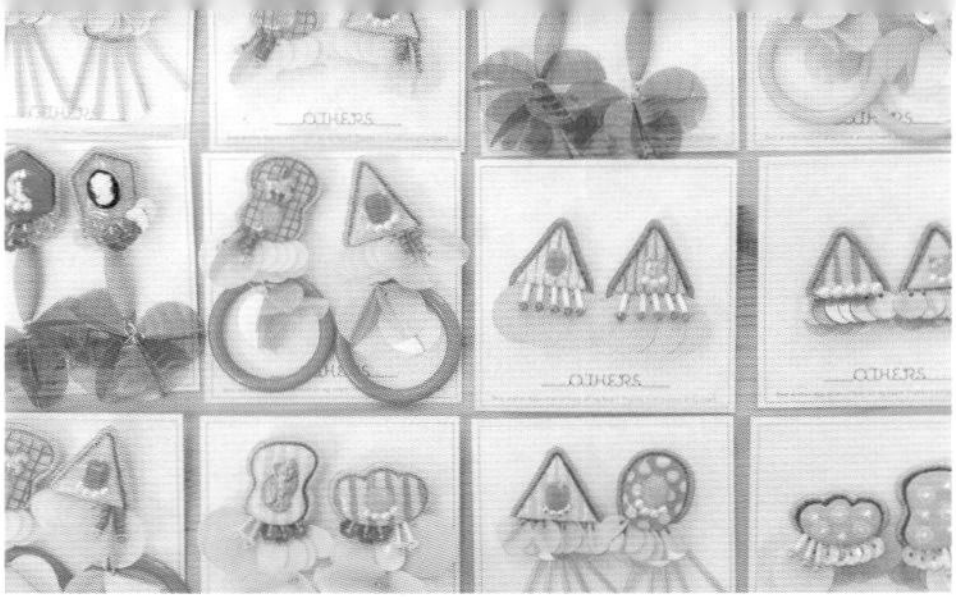

上／出来あがった個性豊かなピアスやイヤリング
下／身につけると思わず笑顔になる

25

others《アザーズ》

色を集め 好きを集めて つくること

カラフルなビーズやスパンコール、手描きのパーツをひとつずつ手作業で組みあげる。othersの沼田りょう子さんのアクセサリーづくりは、使う色もパーツも手を動かしながら決めていく。「何も決まっていないところからできあがる過程がワクワクするんです。色を身につけるような感覚で暮らしに取り入れてほしい」。完成した作品は個性豊かで色鮮やか。カラフルな色使いは気持ちを華やかにしてくれる。

沖縄で暮らすようになって2024年で6年目。この数年間で、使う色彩にも変化が生まれた。表現したい"何か"があるわけではない。ただ「見ている景色を、自分の中で噛み砕いて表現してる」。沖縄の風景のコントラストが強い色彩や日々の暮らしの要素を、りょう子さんのフィルターを通して伝えてくれる。「流行でもない、王道でもない、その他のもの」というのがothersに込めた想い。流行でもない、王道でもない、自分の好きを貫いて、つくり手として、自分の居場所をつくっていく。好きなもので溢れた壁と出番を待ったくさんのパーツ。りょう子さんの自宅兼アトリエは、カラフルが詰まったothersの世界観そのままだった。(は)

Instagram: others_okinawa

工房からは石を叩くリズムの良い音が響く

26

スタジオ de-jin

スタジオデージン

［首里］

先人へ敬意を払い個性を重ねて彫り進める石獅子づくり

ゆいレール首里駅のほど近くに、若山大地さんと恵里さんの店舗兼工房「スタジオde-jin」はある。手掛けるのは琉球石灰岩を使った「石《いし》獅子《じし》」。村落獅子《そんらくしし》とも呼ばれる石獅子は、琉球王国時代に災いから地域を守るために村の入口や高台に設置され崇められてきたもの。

大地さんが石獅子を知ったのは、彫刻家として石を彫るようになって10年以上経ってから。知人に連れられて上間の「カンクウカンクウ」を見たのが最初だった。それまでも石のすばらしい作品は見てきたけれど「身近に(石で造られた)石獅子というものがある」と知った時、暮らしに結びついたものづくりに「衝撃を受けた」のだという。それからすっかり魅了され、どこか愛嬌のある石獅子を手彫りでつくりを続

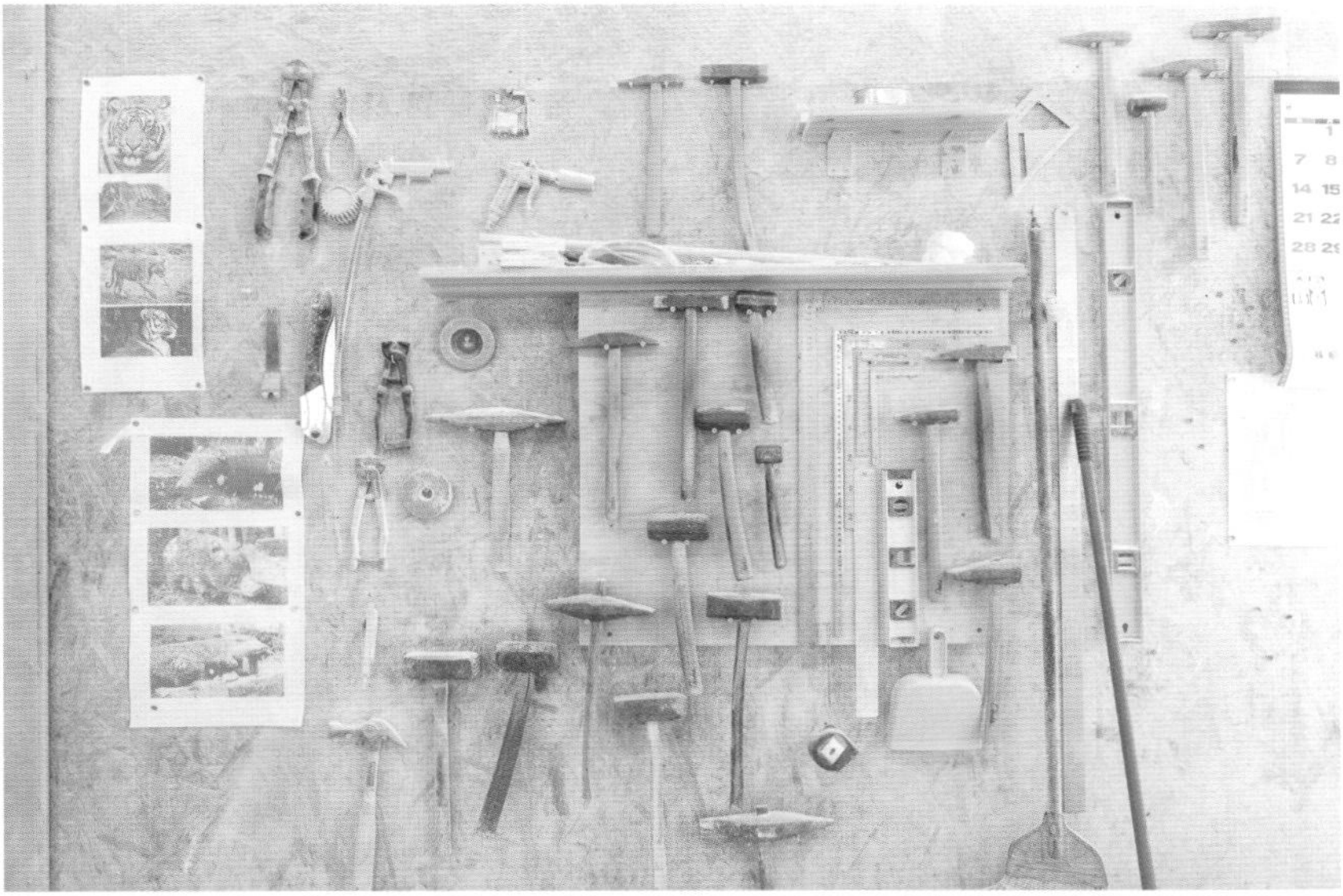

上／壁にかけられた石を彫る道具　右下／手のひらサイズの石獅子　左下／若山大地さん（右）と恵里さん（左）

けている。恵里さんもまた地道に石獅子について調べるうちに本を出版するまでに。

「これが沖縄の文化だぜ、みたいなことを言う気はさらさらないんです。ただ先人が残してくれたものをお手本にできるということに対する敬意は忘れちゃいけないと思う」。今日もまた白い粉が舞う中で、カンカンと石を叩く音が響いている。（は）

那覇市首里汀良町1-2 1F
MAP P156
☎098-887-7466
10:00〜18:00
日休（＋不定休）
studio.deijin

27

Grau と acier《グラウ ト アシエ》

［南風原町］

父娘で寄り添いつくる オーダーメイドの ステンレス

訪ねたのは南風原町にある「大光工業」という町工場。シャッターの上がった大きな入口から、大城正順さんと、名嘉絵理さん父娘が出迎えてくれた。

娘の絵理さんが幼い頃から訪れていたというこの工場は、絵理さんの祖父がはじめた、空調設備工事などを行う家族経営の町工場。その傍ら、ふたりは「Grau」と「acier」という、より暮らしに馴染んだステンレス製品の自社ブランドを立ち上げた。

端材を活用しようと生まれた「Grau」は、ステンレススプーンやランプシェードなど暮らしの道具が中心。今ではお店の什器や内装など多様なオーダーが届くようになった。

「せっかくオーダーをいただけるのなら、とことん要望に応えたい」との思いで、お客さんの言い出しづらいどんな声も、絵理さんが丁寧に聞き、正順さんの長年培った厚い経験と知識、真似できない技術で応えている。

「acier」は絵理さんの金属アレルギーがきっかけで生まれた、スタイルを選ばないステンレスアクセサリー。「ほかの金属に比べて硬いから、誰もやりたがらないだけなんです」。溶接は正順さん担当だし、自分をつくり手というにはおこがましいと笑いながら、工具を握る手にぐっと力を込める。（も）

grau_daikou
acier9

右上／曲げるときは万力に挟んで力を込める　右中／Grauのオリジナル工具箱　右下／アクセサリーになるのを待つ金属たち　左上／ステンレススプーンは溶接技術の賜物　左下／正順さんと絵理さん父娘

「"目の前にある素材"をいかにおいしく仕立ててお客さまに届けるかを大切にしているんです」。2021年12月に本島南部の豊見城市にオープンした「うんてん洋菓子店」。店内のロフトスペースの客席は、いつも明るい声でにぎわっている。広々とした空間には少し不釣り合いに感じるちいさなショーケースがひとつ。並ぶのは紅芋モンブランなどの生菓子が5〜6種類。焼き菓子も少なめだ。お店をはじめたのは、果物の規格にこだわらないお菓子づくりがしたかったから。味に問題がなくても見た目や大きさで"規格外"となり市場に出回らない果物がある。そんな仕組みを疑問に思い、規格外の素材も積極的に取り入れる。近所の方が「庭で育ったのだけど」と果物を持ってきてくれることもあるという。量は多くないし、何が届くかわからない。でもそうやって目の前の素材に向き合うのが「うんてん洋菓子店」らしさ。商品の少なさも、無駄になるお菓子をうまないための工夫だ。「うれしいがめぐるお菓子」がこのお店のコンセプト。「おいしい」だけじゃなく、多くのひとに「うれしい」を届ける、それが、うんてん洋菓子店なのだ。(は)

豊見城市平良76-1
MAP P156
☎ 098-996-3843
🕓 10:30〜17:00
休 日月休
pastry_unten

28

うんてん洋菓子店

ウンテンヨウガシテン

[豊見城市]

ちいさなショーケースにめぐる想いをこめて

焼き菓子は贈りものにもおすすめ

右上／シュークリームは手土産にも人気　右下／ちいさなショーケースにケーキが並ぶ　中／大きな窓と黄色いタイルが目印　左／右から2番目がお話を伺った運天智絵さん

29

ニャン山

ニャンザン

［糸満市］

ただここに座って かわらない日常の中で 作り続けていたい

上／ショップではたくさんのシーサーが出迎えてくれる　下／漆喰の作品「雪男の恋」

壁を埋めるシーサー、漆喰人形、ハリコの玩具。ここは「糸満市場いとま～る」にある、ニャン山のショップ兼アトリエ。カウンター越しにシーサー職人の上原新吾さんとハリコ職人の赤嶺康浩さんが肩を並べ、テンポ良く絵付けを進める。かれこれ14年目。「すみませーん」とお客さんから声がかかれば「はーい」と顔をあげ、これまたテンポの良い会話が繰り広げられる。シーサーやハリコは「沖縄の伝統」と言われている。でもふたりにとってはそんな大げさなことではなく、良いものを伝えたいという素直な思い。30年も経てばデザインも使う素材も変わるだろう。でも今も昔も縁起物で、福を呼び

上／黙々とふたり並んで作業をすすめる　右下／少しずつ違う表情もおもしろい　左下／ハリコの作品「カロービンガ」

たいという根本の願いは変わらない。身近にあることで、長く愛されるものになる。お店の陳列台が子どもの手が届く高さなのは、落として壊れたら直せばいいから。手に取ってもらえる大きさにして、クスッと笑えるデザインにして、昔からあるものを今の形にして日常に届けている。

「建物に鳩が入ってきた！」と隣の店から慌てた声が聞こえ、「平和ですね」と上原さんがユーモアで返す。ニャン山のかわらない日常だ。（は）

糸満市糸満989-83
糸満市場いとま〜るC2
MAP P156
☎ 098-855-0043
10:00〜17:00
月休
nyanzan_official

30

TESIO

テシオ

［ コザ ］

街のような営みを生み出すソーセージ屋さん

味の決め手は自家製カリーケチャップ

「ただうまいソーセージを捻って誰かに褒められるというだけの生業だったら、僕はそれにあんまり魅力を感じないな」。

TESIO《テシオ》といえば、ソーセージの本場ドイツで開催される国際大会「IFFA」で、出品した全ての商品に金賞を受賞するほど県内有数の実力店。TESIOフランクにモッツァレラヴルスト、コーレーグースのチョリソーなど人気商品は数あれど、店主の嶺井大地さんが求めるのは、おいしさだけではない。

沖縄市の中心市街地、コザのゲート通り沿いある自家製ハム・ソーセージの専門店。なのだけどその店内にはホットドッグとコーヒーが楽しめるスタンド「HINETTERY《ヒネッタリー》」が併設され、飲むにまつわる専門店「LIQUID《リキッド》」と、イタリア食材店「TANTO TEMPO《タントテンポ》」も軒を連ねる。あれ、ソーセージ屋さんなのに?

そう、なぜなら大地さんが生み出したいのは、多様な人々が行き交うことで生まれる街のような「営み」だから。

HINETTERYが併設された店内

ギフトボックスに入れて贈り物にもおすすめ

上／左から4人目が嶺井大地さん　右下／店前の花壇にはブーゲンビリアが咲く
左下／イタリア食材店「TANTO TEMPO」

大地さんがソーセージに出会う少し前、下積み時代に働いていたのはカフェだった。ミュージシャン、作家、アーティスト。日々、自然と多様な人々が集まってくるとそこにはパワーみたいなものが生まれ、お店が"醸されていく"ように感じた。「お店って、ただモノを売る場所なのではなくて、訪れた人たちが刺激を受けて高まっていくような、そういうパワーを与えられる場所をつ

機械の中でスモークをかけ燻製する

くることなんだ」。大地さんにとって、それが「お店」のイメージになった。そんな思いがあるから、ソーセージを媒介にしてはじまる会話や繋がっていく縁を大切にする。そして「TESIOと一緒にやってみたい」と思ってもらえる場所になれるよう活動し続けている。

　使う豚肉はTESIO裏手の「普久原精肉店」など信頼のおける店のもの、素材にはシークワーサーやコーレーグース、塩など沖縄のものも多く取りいれる。ときにはマカロニとチーズを組合せたソーセージなんてのもある。"TESIOだからこそ届けられる味わい"は異色だし、そのユーモアと味への唯一無二のセンスがあるから、訪れるファンは絶えない。

　さて、7年目を迎える今、店内ではペットのためのおやつブランド「PETICUTERI《ペティキュトリ》」が動きはじめた。ペティキュトリは、豚の生産者と出会い、豚肉を余すところなく使い切るために始めた取り組みだ。人との会話の中からアイデアは生まれる。「人の縁の中でどんどん出来ることが増えていくことって、こんなに楽しいんだって思うんです」。(は)

製造工程を目の前で見ることができる

沖縄市中央1-10-3
MAP P156
☎098-953-1131
11:00〜18:00
月休
tesio_sausage

大きくなったブルワリーで、仲間たちと協力してビールを仕込む

31

CLIFF GARO BREWING

クリフガロブルーイング

［沖縄市］

呑んで、描いて 話して 何かが生まれる 起点になりたい

「ビール造りも、アートも、お店を開くことも、どれも自分にとってはコミュニケーションツールなんだよね」と、CLIFF GARO BREWINGのオープンを間近に控えた宮城クリフさんは話してくれた。

アーティストでもあるクリフさんが、数年滞在した英国で呑んだビールのおいしさと、ビールを介して様々な立場や人種の人々が分け隔てなく集まる光景に感動し、自分でもやりたい！と始めたクラフトビールづくり。県産の様々な素材を使ったビールの多様なおいしさと、クリフさんが描くストーリーが込められたラベルの楽しさで瞬く間に人気のブルワリーに。2024年2月に屋号をCLIFF GARO BREWINGに改め、沖縄市高原に新しい醸

上／新店舗になり、ビールのラインナップも一新
下右／店内のライトは小野田郁子さんの作品　下左／タンクにたくさんのホップを投入するクリフさん

造所兼店舗をオープン。醸造量が大幅にアップして、その場で出来立てのビールが呑めるブルーパブも併設した。今後、アートの展示や音楽ライブなども催していく予定だそう。

「おいしいビールやおもしろいアートで人や街と繋がって、新しいなにかが生まれる起点になりたい」。そう言ってクリフさんは今日もここで、お客さんと一緒に笑っている。「表現」という名のコミュニケーションツールを使いながら。（ゆ）

沖縄市高原6-2-8
MAP P156
水～金 15:00～22:00
土 13:00～22:00
日 13:00～19:00
月火休
cliff_garo_brewing

※営業時間は今後変更の可能性がありますので、最新情報はインスタグラムをご覧ください。

黄色の外観が目を引くお店の前で笑う摺木さん

久米島産の車海老でつくる
ガーリックシュリンプは絶品

万能調味料としていろんなサイズがあるのも嬉しい

32

YUNAMI FACTORY

ユナミファクトリー

［久米島］

"あったらいいな"を生み出し "ある"ものの良さで 久米島にもっと賑わいを

久米島にも楽しく働けて、おいしいものでみんなが集まれる場所があったらいいな。そんな想いでYUNAMI FACTORYを始めた摺木陽介さんは、生まれも育ちも久米島。真っ青な空に黄色が眩しいお店のテラス席でいただくのは看板メニューのガーリックシュリンプだ。生産量が日本一という久米島の車エビを、オリジナルオイルで炒めて、ライスにオン！ 味の決め手であるオリジナルオイルはボトルで販売していて、なんでもおいしくなる万能調味料として人気だ。

「意外と島の人たちは久米島の食材を食べないので、もっと手軽に味わってもらいたい」と、車エビをはじめ赤鶏や野菜も地元の食材を使って、観光客はもちろん地元の人にも久米島のおいしいを提供している。

「久米島の良いものを広く知ってもらって、島に来る人や住む人が増えれば、製造業や観光業での雇用も増えていくはず」。摺木さんの脳裏には、工事の職人さんや観光客で「どこの飲食店も賑やかだった」という幼いころの風景が記憶に焼き付いている。また久米島に賑わいを生みだしたい。島外への出店や新商品の構想も見据えて、摺木さんは挑戦を続けていく。(ゆ)

久米島町兼城1146-1
MAP P156
☎098-996-5087
11:00〜15:00
火水休
yunamifactory

上／差し込む光に浮かぶnokïの文字はcicafuによるもの
下／シンプルながらも後を引くおいしさのレモンとバニラのビスケット

33

nokï

ノキ

”おいしい“のために丁寧に、端正にそして遊びも大切に

ｎｏｋïのやましろあけみさんがつくるお菓子は至ってシンプル。クラシックなフランス菓子を中心に派手じゃない、”映え“などは意識していないお菓子。

シンプルだからこそ素材にこだわり、余計なものは入れない。焼成の温度、工程ひとつひとつの意味や手順をしっかりと確認する。そうやって端正につくり上げられたお菓子だからこそ、キリッとうつくしさを感じさせる佇まいに惹かれてしまう。そしてひとたび口にすると素材やベースのおいしさが強く印象に残って、また食べたくなる。

ｎｏｋïは店舗を持たずにオーダーやイベント出店のみでの販売。もともとお菓子教室から始まったあけみさんの活動がコロナ禍になりお菓子教室が開催できなくなったことで、本人も思わぬ方向へと活動の幅が拡がっていき、今ではイベントに出店すればいつも行列ができる人気に。

コロナが落ち着いてきて「今年はお菓子教室を取り戻したい！」というあけみさん。原点に立ち返りつつも「最近やっとお菓子づくりに遊び心を出すのが楽しくなってきた」そう。丁寧な仕事を続けてきたあけみさんだからこそ言える、ワクワクさせてくれる言葉。ｎｏｋïのお菓子はこれからもっと楽しくおいしくなっていく。（ゆ）

noki_cake
※インスタグラムでお問い合わせください

整然とした気持ちのいい空間であけみさんはお菓子をつくる

県産の苺の良さを引き出すロシアンクッキーはnokïの代名詞の一つ

このカウンターでコーヒーを淹れてくれる

モダンな建物の左側に新しくできたのが「sou gallery」

34

atelier sou

アトリエ ソウ

［糸満市］

重ねた層を形に変えて喜びを届ける

沖縄本島最南端の喜屋武《きゃん》という集落の中。青く広がる空に赤瓦屋根、潮風を浴びたコンクリート住宅。そんな昔ながらの住宅街を進んでいくと「atelier sou」仲間秀子さんのアトリエ兼工房が見えてくる。扉を開くとコーヒーの香りと一緒に、仲間さんが「いらっしゃい」と迎えてくれる。

手掛けているのは伝統工芸「金細工《かんぜーく》」の技法を用いたアクセサリー。シルバーや真鍮でつくられたピアスやネックレス、バングルがアンティークの什器の上に美しくにぎやかに並ぶ。

仲間さんは群馬県出身。幼いころの夢は服飾デザイナーだった。しかしお父さんの助言もあって美容師の道に進み、職場でご主人と出会い結婚、妊娠を機に退職。ご主人の故郷沖縄に移り住むことになった。移住後、美容師としての復帰が叶わず、家庭を持つ女性の働きにくさを痛感したと言う。「だったら自分が社長になろう」と、自ら洋服をつくり委託販売をはじめた。子育てと服づくりに必死な日々の中、アクセサリーを身につける楽しさを思い出させてくれたのが、ハンドメイドジュエリー作家のennさんとの出会いだった。

「あなたもやってみたら」と背中を押され「sou craft jewelry」としてのアクセサリー

アンティークの器に
リングが並ぶ

づくりがはじまった。
身に付けると、その人らしさをそっと引き上げてくれるアクセサリー。身につけた時の高揚感やワクワク、そんな普段の生活の中で「女性が無意識に諦めている気持ち」を呼び起こしたいと言う。「そうしたら、その人の生活がちょっと楽しくなるんじゃないかな」と。
「なぜやっているのか」「どう生きたいか」と自問自答をくり返す。そして気が付いたのは「必ずしも"つくる"ことがしたいわけではない」ということ。「自分が"良い"と思ったものを提案して、相手に共感して喜んでもらう、ということをしたいのだ」と。過去に手放したようにみえる服づくりも、いまは自分で縫わずに縫い子さんに頼むことで思い通りの形をつくることができるようになった。

アトリエの奥が工房になっている

「sou gallery」の窓からは海が望める

右／建物の外にはたくさんの植物　左／アクセサリーが生まれる作業台

糸満市喜屋武1316−1
MAP P156
☎090-3795-9933
12:00〜17:00
不定休
sou_craft_jewelry

そうして2022年、工房の横に新たに「sou gallery」を造った。そこは仲間さんが"良い"と思ったものを提案するための場所。「20年後、もし身体がいうことをきかなくてつくることができなくなっても、ここでお客さんと接して何かを与えることができたらなにより」。それは作品かもしれないし、もしかすると会話や、そこにいる時間そのものかもしれない。

　アクセサリーも洋服も、仲間さんを表す層の一部にすぎない。起こることの全てを自分の層にして重ねていく。そしてちょっと先のことも想像しながら、目の前のひとにより添う。「ゆっくりしていってね、コーヒーでも飲みながら」と言って。（は）

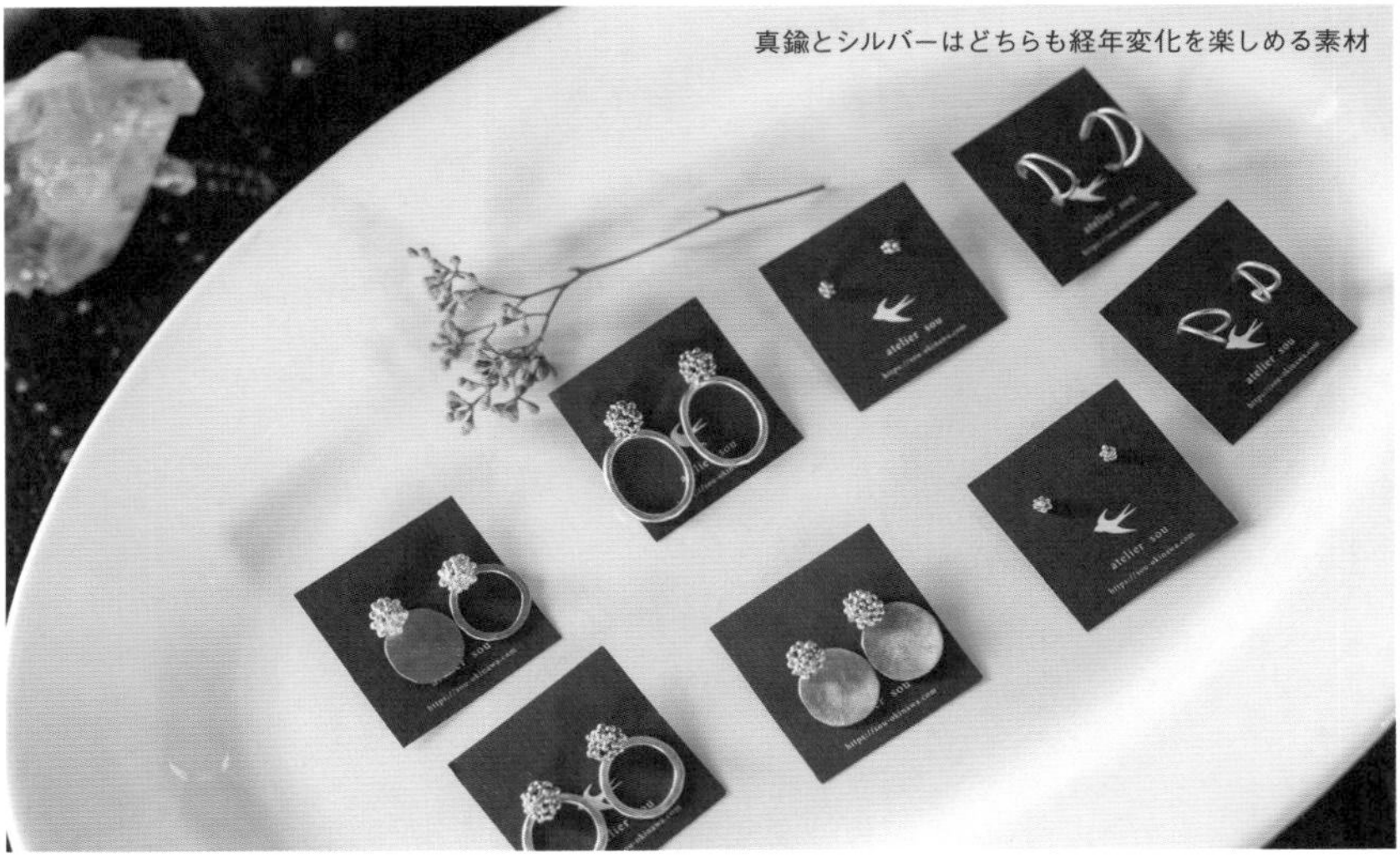

真鍮とシルバーはどちらも経年変化を楽しめる素材

COLUMN 2

おいしさと遊び心で満ちるお菓子

okinawa baked goods list

沖縄にはついつい誰かに教えたくなる焼き菓子店がたくさん。
つくり手の想いや人柄を感じる焼き菓子は旅のお供やおみやげにもぴったりです。

おやつとコーヒー、自然派ワイン
papoter pepin ［首里］
パポテペパン

かわいいお菓子はお土産にも

首里の小道にあるちいさなお店。並ぶのはとんがりココナッツ、ローズマリコなどかわいいネーミングでひとつひとつから丁寧な愛情を感じるお菓子。好みからおすすめを教えてくれる自然派ワインもご一緒に。

那覇市首里当蔵町2-14　MAP P156
papoter_pepin

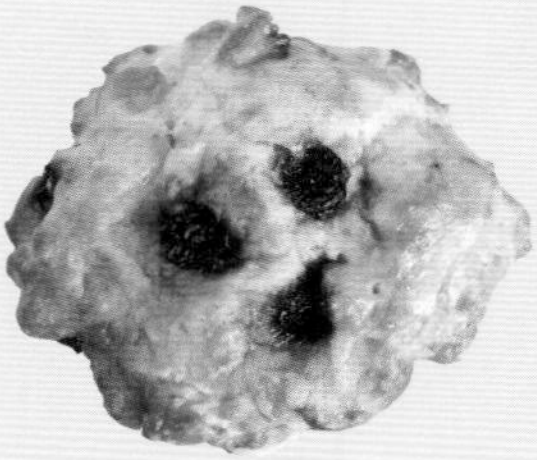

TOUCA BAKE SHOP ［首里］
トウカベイクショップ

カウンターの焼き菓子に目移り必須

首里城のほど近く、県産の野菜やフルーツをメインに使う焼き菓子の専門店。ショートブレッドやビスコッティなどの他に、カウンターにはジャーマンケーキやキャロットケーキなど出来立てのケーキがずらりと並びます。

那覇市首里赤田町1-6　MAP P156
toucabakeshop

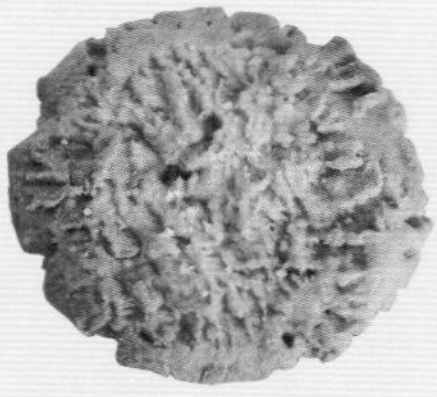

HARETAKARA ［名護市］
ハレタカラ

元気がでるお菓子あります

伊平屋島の塩“塩夢寿美”を使ったクッキーや沖縄のラム酒を使ったパウンドケーキなどおいしさがぎゅっと詰まった焼き菓子は、名護市で人気のハンバーガー店「HEY」の店内で購入可能。

名護市城1-2-3 2F（HEY店舗内）　MAP P155
haretakara_okashi

Sotto ［宜野湾市］
ソット

口どけに悶絶するティラミス

沖縄にティラミス旋風を巻き起こしたお店。厳選したマスカルポーネチーズを使い手間と時間を掛けてつくられるティラミスは甘味と苦味のバランスが絶妙。口の中で心地よくほどけます。イタリア仕込みの味をテイクアウトで。

宜野湾市嘉数4-6-7　MAP P156
sotto_okinawa

Island Sweets Cona ［宮古島］

アイランド スィーツ コナ

南国感漂う焼き菓子がずらり

ショーケースにはチーズケーキやタルトなどのほか奇想天外な素材を組み合わせたケーキがぎっしり。焼き菓子も種類が豊富で、オニオン&ソルトクッキーや宮古味噌フロランタンはお酒のアテにもおすすめ。

宮古島市平良下里1091-3 丸富ビル 1F

MAP P157

island_sweets_cona

citta しまのおやつ ［中城村］

チッタ シマノオヤツ

みんなに優しいしまのおやつ

カウンターに並ぶのは、卵や乳製品を使わず厳選した素材でつくる身体にやさしいお菓子。人気のクリームサンドクッキーや季節の素材を使ったお菓子も、素材の味わい深いおいしさが楽しめます。贈りものにも。

中城村南上原946-3　MAP P156

citta_okinawa

mokuyobi.

モクヨビ

気持ちがほぐれるやさしいお菓子

ほっこりとやさしい味わいのお菓子は、椅子に座りじっくり向きあって楽しみたいおいしさ。日々のご褒美に。店舗はありませんが旅先のカフェやイベントで出会えるかも。SNSで出店情報を確認してみて。

mokuyobi.okashi

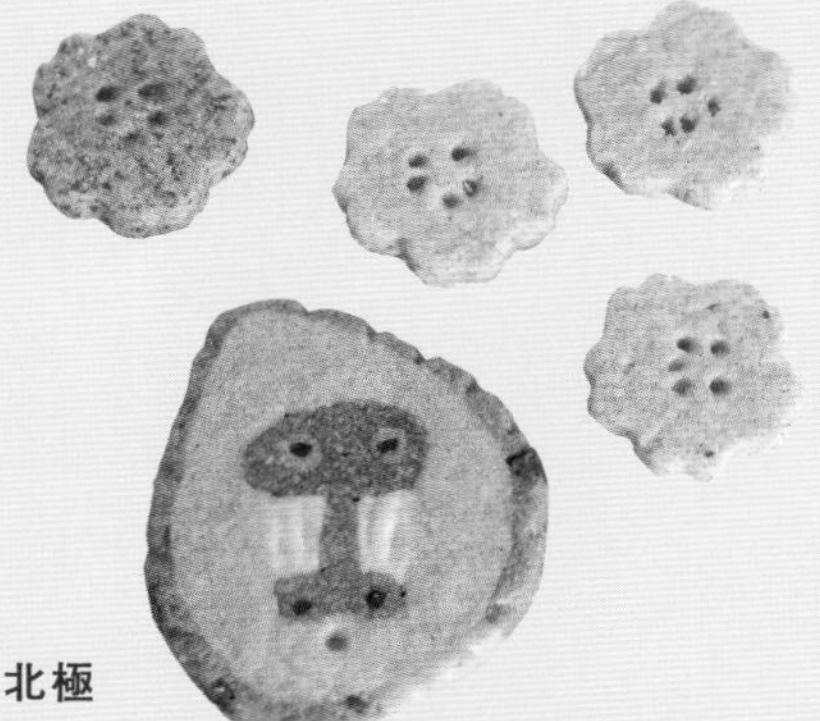

北極

ホッキョク

かわいくておいしいクッキー

すまし顔やとぼけ顔、ちょっとずつ表情が違うクッキーは季節やイベントでモチーフが変わるので必見。やさしい色味は野菜などの素材をいかしたもの。店舗での販売はありませんが、出店情報はSNSで確認を。

ikukosenaga

※メニューは掲載内容と異なる場合があります。
最新の営業情報は各店舗までお問い合せください。

COLUMN 3

コーヒーに宿るものづくりの心

okinawa coffee shop list

豆の選定から焙煎、抽出までたくさんのこだわりが詰まったコーヒーは、
まさにオーナーの作品そのもの。ものづくりの心あふれる一杯を楽しんで。

Humming Coffee ［沖縄市］
ハミングコーヒー

世界のスペシャルティコーヒーを

老舗ショッピングセンター「プラザハウス」内のスペシャルティコーヒー専門店。“尊敬するつくり手と消費者を繋げる”をコンセプトに丁寧に抽出する1杯には、豆本来のおいしさと生産者の想いが詰まっています。

沖縄市久保田3-1-12 プラザハウス2F MAP P156
humming_coffee_okinawa

YAMADA COFFEE OKINAWA ［宜野湾市］
ヤマダコーヒーオキナワ

好きから始まるコーヒーの世界

棚にずらっと並ぶコーヒー豆に迷っても、好みからおすすめを教えてくれるのでとっておきの1杯が見つかるはず。また喫茶スペースでいただく季節毎のパフェも絶品。国道58号線の泊交差点近くには2号店も。

宜野湾市宜野湾3-17-3 MAP P156
yamadacoffeeokinawa

山下珈琲店 ［首里］
ヤマシタコーヒーテン

コーヒー片手に首里散策も

首里の路地裏にひっそり佇むコーヒー店。手廻しの焙煎機で焼いた豆をネルドリップで淹れる1杯は、まったり柔らかな口当たり。レトロな空間にぴったりな「喫茶店のプリン」もおすすめのひと品です。

那覇市首里当蔵町2-42 2F MAP P156
yamashita_coffeeten

珈琲屋台ひばり屋　[那覇市]
コーヒーヤタイヒバリヤ

路地裏のコーヒーオアシス

国際通りから少し入った路地裏に現れる珈琲屋台。庭に設置されたベンチで沖縄の青い空の下、風が木々を揺らす音を聴きながら頂くコーヒーは格別。雨の日はおやすみになるので、事前にSNSで確認を。

那覇市牧志3-9-26　MAP P156
X hibariyasachiko

COFFEE potohoto　[那覇市]
コーヒー ポトホト

1杯のコーヒーに込める職人の技

栄町市場は昼は昔ながらの市場、夜は飲み屋街に変わるディープな町。その一角の焙煎香が漂う店内には、沖縄中からコーヒー好きが信頼を寄せて集まります。町の雰囲気とともに、こだわりが詰まった一杯をぜひ。

那覇市安里388-1 栄町市場内　MAP P156
coffeepotohoto

inno coffee shop　[名護市]
イノーコーヒーショップ

市場の裏手のコーヒースタンド

名護市営市場裏手の自家焙煎のちいさなコーヒースタンド。ハンドピックした豆と沖縄県産の素材でつくる「黒糖ミルクコーヒー」はぜひ味わってほしい一品。小窓からコーヒーを受け取ったら名護散策をたのしんで。

名護市城1-5-17　MAP P155
innocoffeeshop

cafe MONDOOR　[糸満市]
カフェ モンドア

コーヒー愛を語らいたいお店

糸満市のノスタルジックな街の一角にある、純粋に思う存分コーヒーを味わいたいひとにおすすめしたい一軒。空間や器選びからも感じる信念と探究心。エスプレッソを使った濃厚なティラミスもおすすめ。

糸満市糸満967-11 2F　MAP P156
cafe_mondoor

※メニューは掲載内容と異なる場合があります。
最新の営業情報は各店舗までお問い合せください。

八重山諸島
宮古諸島

YAEYAMA ISLANDS / MIYAKO ISLANDS

—

35-53

SunnyTimeについて語る石嶺蘭沙さん

35

Sunny Time

サニータイム

［石垣島］

伝えたい思いは月桃のかおりに乗せて

石垣島の自然と知恵がつまった素材を材料に、“その土地で採れるもの”でつくることを心がけた、ナチュラルなスキンケアと香りを届けるブランド「Sunny Time」。はじまりは石嶺蘭沙さんと、「月桃」という植物との出会い。

子どものころから風邪をひいても市販薬を使わずに、自分の治癒力と、植物の力を借りて快復させるのが当たり前だったという蘭沙さん。移住した石垣島で出会った人の体や心を助ける力のある月桃は、自然と肌に合ったそうだ。

Sunny Timeでつかう原料は、赤土から海を守るためグリーンベルトとして石垣島で植えられている無農薬月桃や、海を汚さず体を洗えるクチャ。どれも自然から採れるものがベースにある。「薬もコスメも、必要なものは自分でつくることができる。それを知っているだけでなんだか豊かじゃない?」。

身近な人たちの生活を豊かにする選択肢となれるように、

カラフルに並ぶ月桃ミスト

作業は石垣アパートメントの一室で

素材選びから製造、使用感、香りやデザインにいたるまで、なるべく〝島のなかで巡る〟ように工夫をし、月桃の魅力を伝えるプロダクトをつくり続けている。

「もともとSunny Timeは私自身が社会とつながるための手段だったけど、これからはだれかが社会と関わったり役立てる存在になれたりするのかな」。そう話す蘭沙さんは、県内外で愛用する人を増やしながら、Sunny Timeとしての新しいステップを見据えているようだった。

2022年の暮れ、蘭沙さんに「島の装い。」をイメージした香りのブレンドをお願いしてみた。私たちと会話する中で、それぞれの精油がもつ効果や効能、香りの意味を織り交ぜながらイメー

ジに近づけていく。ささやかなニュアンスも違わないようにいくつも試作して生まれた香りの名前は「ひだまり」。太陽のもとで草木が自由に枝葉をのばしたような、複雑であたたかく包み込む香り。一緒に紡いでくれた言葉は、胸の真ん中がじんわりするほど嬉しくてたまらないものだった。彼女が持つ本質を見つめるやさしさと確かさを、そのときに改めて知った。それがきっと、Sunny Timeの根っこにあるもの。「"人のため"なんて思っていない。あったらいいなって思うものをやってみたら、喜んでくれる人がいるかも、そのくらいの気持ち」と言って蘭沙さんは笑った。月桃の葉がふわりと島の風に揺れるような軽やかさで。(も)

右／手作りの作業台で調合を楽しむ　上／SunnyTimeの人にも自然にもやさしいプロダクトたち　中／原料はグリーンベルトの無農薬月桃をつかって　下／月桃と捨てられる牛脂のやさしい石鹸

直営店「集うと憩う」
石垣市登野城927-33
MAP P157
☎090-9348-6801
🕓9:30〜16:00頃
土日休
sunnytime_ishigaki
tsudoutoikou

36

福木カフェ・商店《フクギカフェ・ショウテン》

［ 宮古島 ］

迷いのない線と色彩に乗せて旅を始めよう

笑顔で出迎える豊永彩子さん

砂山ビーチに向かう途中に現れる、外壁のあちらこちらにイラストが描かれた平屋の建物。ここは、お隣さんとの間に並び立つ福木から名前をもらった「福木カフェ・商店」。ごはんと雑貨、店主の豊永彩子さんが描くイラスト雑貨が楽しめるお店だ。

　彩子さんが顔をのぞかせて案内してくれた店内には、たくさんの雑貨がずらりと並ぶ。

彩子さんが描くポスターと、オリジナル商品と

それら全てに、彩子さんの迷いのない線と鮮やかな色彩をしたイラストが描かれている。植物であれ、生き物であれ、彩子さんの描くイラストはどれも、生命力が溢れている。はじめは単純に「描く」ことが好きなだけだったけれど、宮古島での暮らしの中で喜びを感じるものを描いていったら、自然と宮古島のものが増えていったそうだ。そんなイラストに惹かれて、島内外から次々に制作の依頼が届く。「島の環境であるとか、植物や野菜、人からもエネルギーをもらう。移住してきた私にとって、それに接しているのが"喜び"なんです。だからこそ、ここで"描く役割"を与えられた気がしました」。

宮古島を巡っていると、あちこちで彩子さんのイラストを見つけることができる。地域のスーパーで売っている石鹸やお茶のパッケージ、CDのジャケットや本の表紙なんかにも。その数だけ、彩子さんがこの島と接してきた喜びが、絵としてカタチにされている。色彩豊かで、ひとつひとつが個性的な曲線、ひとめで彩子さんの作品だとわかる独特の柔らかさがある。

お店の裏手には、ささやかなスペースのアトリエがある。机の上に広げられた描く道具とラフ画や原画、色の滲んだスケッチブックは、どこか彩子さんの試行錯誤の跡にも見えた。絵本を描いてみたり、シルクスクリーンをしてみたり、植物の魅力がダイレクトに伝わるような何かをつくってみたい。「やってみたいことがたくさんあるんです」と彩子さん。試行錯誤を続ける姿もなんだか苦悩ではなくて、描けることの喜びで溢れているようだ。

ある日、彼女から1冊の本が届いた。「絵本を描いてみたい」という希望を叶えたようだ。「はまべへいこう」というその絵本には、浜辺へ行くまでに出会う植物たちが描かれている。「日常」はささやかだけれど、そばにはたわいないうつくしさがある。そう伝えてくれるこの絵本には、宮古島での暮らしのなかで描くべきモチーフと出会う彩子さんの"喜び"が溢れていた。彩子さんがこれからどんなものを描いていくのか、ますます楽しみになった。(も)

ラフや原画をテーブルに広げて試行錯誤

宮古島市平良荷川取646-7
MAP P157
☎080-5860-4084
11:30〜17:00
不定休
fukugicafe.store.miyakojima

お気に入りのテーブルで“やりたいこと”を考える

店先のあちこちに彩子さんの絵を散りばめて

畑からの風を感じながら作陶する中里さん

畑のそばに佇む工房は近所の方々と協力して建てたもの

37

工房 風花《コウボウ カザハナ》

［西表島］

自然体で
土と向き合い
つかい手に寄り添う
日々の器を

「料理がおいしそうに見える器だなぁ」。SNSで偶然目に留まり、そう感じたのが「工房 風花」中里ゆきさんの器。それからお声がけさせてもらってやり取りする中で「使いやすくてごはんがおいしくなる器がつくりたい」という想いを聞けて納得。そしてご本人に会いに、畑や森からの風が通り抜ける西表島の工房を訪ねた。集落の人と一緒に建てたというその工房は、不思議とリラックスできる雰囲気で、中里さんのまとう自然体な空気が場所にも器にも宿っている感覚を覚えた。

読谷村の「北窯」で修行した技術をベースにしながら、自由で多彩、気張らない佇まいの中里さんの器。あの料理を盛ると良いかも、ここが平らなのが使いやすい、などあくまで"使うこと"を大事にしながら作陶をしている。工房の名前の由来を聞くと「青空でヒラヒラと舞う雪のことなんです。きれいな言葉だなと思って」と、北海道出身ならでは答えが。それでも西表島の工房にふさわしい名前に感じるのはなぜだろう。「自分の好みはあるけど、器は自分の表現ではないので」。自己表現よりも使いやすさにこだわるその言葉に、職人としての矜持を感じた。(ゆ)

上／奥の窯をバックに　下／いろんな柄のカップたち

竹富町南風見仲屋敷7-60
MAP P157
☎090-8635-7542
不定休
※オープン状況についてはインスタグラムにて事前にお問い合わせください
kazahana_touki

38

民具なかぎり

ミングナカギリ

［石垣島］

〝あったらいいな〟に寄り添う民具

中桐潤一さんと深雪さん夫婦が石垣島に移住したのは2018年のこと。子育ては自然に近い場所で、と、深雪さんが以前暮らしていた経験のある石垣島を選んだ。見つけたお家の庭には月桃やアダンの葉が生えていて、過去に体験した草編みを思い出し再び習い始めた。「数をこなさないと上手になれない。よかったら引き取るよ」という大里売店の徳光修子さんの一声がきっかけで販売をスタート。「民具なかぎり」が誕生した。

　草編みのおもしろいところは、材料を仕立てるところから形にするまで手がけられること。深雪さんが膨らませた想像をぐいぐい形にして、つくり方が決まれば潤一さんがキチッと量産する。民具なかぎりの代名詞「月桃ドリッパー」もこうして生まれたそう。最近では「パン2斤分がおさまるカゴバックが欲しい」なんて、おもしろい発想のオーダーも。ますますつくるのが楽しいそうだ。「〝文化の継承〟なんてちょっとおこがましいけれど、古いものも新しいものも、できるだけ今の人に使いやすく、今の生活に寄り添ったものをつくりたい」とふたりは声をそろえる。「民具の〝あったらいいな〟があれば教えてくださいね」。（も）

石垣市伊原間
MAP P157
10:00〜17:00（要予約）
不定休
mingunakagiri

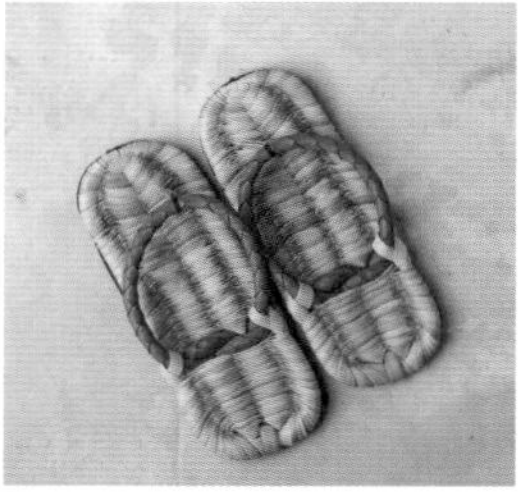

右上／どこまでも歩けそうなアダン葉草履
右／使い続けている月桃ドリッパー
左／ドリッパーはズレなく緻密に丁寧に

面白い発想のオーダーから生まれたパンカゴバッグ

素材を育てるお庭で一枚。中桐潤一さん(左)と深雪さん(右)

CAFE
TIME

OPEN
OPEN

39

ナナホシ商店。

ナナホシショウテン

[伊良部島]

暮らしに寄り添い 会話に花咲く 伊良部島の商店

植物に囲まれた白い古民家。戸を開けると奥から店主の宮城奈々さんが「いらっしゃい」と顔を覗かせる。唄者でもある奈々さんの芸名からとったナナホシと、商店のように地域の人の憩う場所になりたいという思いで「ナナホシ商店。」と名付けられたこの店は、畑に囲まれて、伊良部島のちいさな集落にある。店内には「誰かが喜んでくれるかも」と集めた、奈々さんの好きな雑貨や日用品が所狭しと並んでいる。掘り出し物を探すような感覚で見回れるのがとても楽しい。

中には彼女が手がけるビンテージ宮古上布のアクセサリーや民具も。「昔からこの土地にあるものっておもしろくて。御嶽《うたき》やガマが崩されずに残っていたり、当たり前にみんなが御願のルールを知っていたり、自然に神を思う心があったり。どこか人間らしいと感じる文化に、県外の人も引き寄せられてやってくるんだろうね」。

ちいさなカウンター席に座っておしゃべりを楽しんだあと、奈々さんは私たちに「童神《わらびがみ》」を披露してくれた。店内に響く三線の音と滑らかな歌声は、ウチナーンチュの私の心に染み渡り、満たされる心地がした。(も)

手がけるのは、草編みと宮古上布をあしらったアクセサリー

宮古島市伊良部字伊良部28
MAP P157
不定休
nana77hoshi

上／誰かの暮らしを思い集めたものづくりが所狭しと並ぶ　下右／奈々さんの心地よい歌三線　下左／「いらっしゃい」と迎える緑たち

40

CANAAN

カナン

［石垣島］

一杯のコーヒーと焼き菓子でまた会える場所

木製の扉を開けると白上大樹さんと桃子さんがかわいらしい笑顔で迎えてくれた。生豆の良さを活かす焙煎を心がけながら、その豆にあった抽出方法でコーヒーを淹れてくれる大樹さんと、むずかしいお菓子よりもひとつひとつを丁寧につくることを大切にしている桃子さん。いただいたコーヒーもケーキも、やさしい味わいで心に染み入るようなおいしさだった。

「いろいろなお客さんと出会え

その日に飲める
コーヒー豆が並ぶ

大樹さんがいっぱいずつ丁寧にコーヒーをドリップしてくれる

ることが楽しい」と声をそろえるふたり。はじめて訪ねてもホッとさせてくれる雰囲気は、細部にまでこだわりの調度品で揃えられた内装だけではなく、きっとふたりの気持ちが生み出しているもの。CANAANとは旧約聖書の言葉で「約束の場所、安心できる場所」という意味なのだと聞いて、妙に腑に落ちた。

島の人も旅の人もそれぞれの過ごし方で、このお店で寛ぐ姿が目に浮かんでくる。自分たちの街に落ち着いて過ごせる、また来たくなる場所があるってとっても豊かで、しあわせなこと。コーヒーを飲み終えて扉を開け、店を出る。でも不思議とそこに寂しさを感じない。ふたりにまた会える、そんな確信があるから。（ゆ）

右／アロマなど雑貨の販売も　左／品のある外観と看板が目印

石垣市新栄町10-3
MAP P157
☎電話番号非公開
9:00～18:00
不定休
canaan_coffee

店内奥のスペースでは展示やイベントなども開催

自宅の一室で香りをつくる真紀さん

丁寧に育てた植物を原料に加えて

41

工房 凪《コウボウ ナギ》

［石垣島］

暮らしに ぴったりはまる 無いものづくりで お裾分け

「好きな場所で一人暮らししたくて」と、20代で選んだのは石垣島のど田舎。薪ストーブに五右衛門風呂、普通とは違う暮らしが魅力だったけど、浄化槽のない家も多いのに近隣で手に入るのはそのまま排水できない洗剤ばかりで違和感を感じた。だったらつくっちゃおう。そう思い立って庭の月桃やセンダンで身の回りのものをつくり始めた。すると「ひとりで満足してないで世に出しなさい」と、島の先輩からのアドバイス。真紀さんは「工房 凪」をスタートさせた。

今は市街地に住まいを移し、自宅の工房でキャンドルやアロマスプレーをつくっている。「自分の好みとか生活にぴったり合うものって意外と無いんです。痒いところに手が届くというか、そんな欲しくても”無いもの“をつくって、こういうものもあるよってお裾分けしているんです」。そのスタンスは凪を始めてから10年経っても変わらない。だからこそこの歳月の間、凪を慕うお客さんからの、こんなものがあったら、という正直な声が届く。そうしてまたあたらしく”欲しくても無いもの“をつくることで”お裾分け“ができるのだ。（も）

nagie.work

右／石垣島の風景を閉じ込めたシマアロマキャンドル　左／いつ、どこでも香りを持ち運ぶ。精油＆アロマストーン

42

asamoya works

アサモヤワークス

[石垣島]

「つくる」で遊ぶ 朝靄のかかる 時間まで

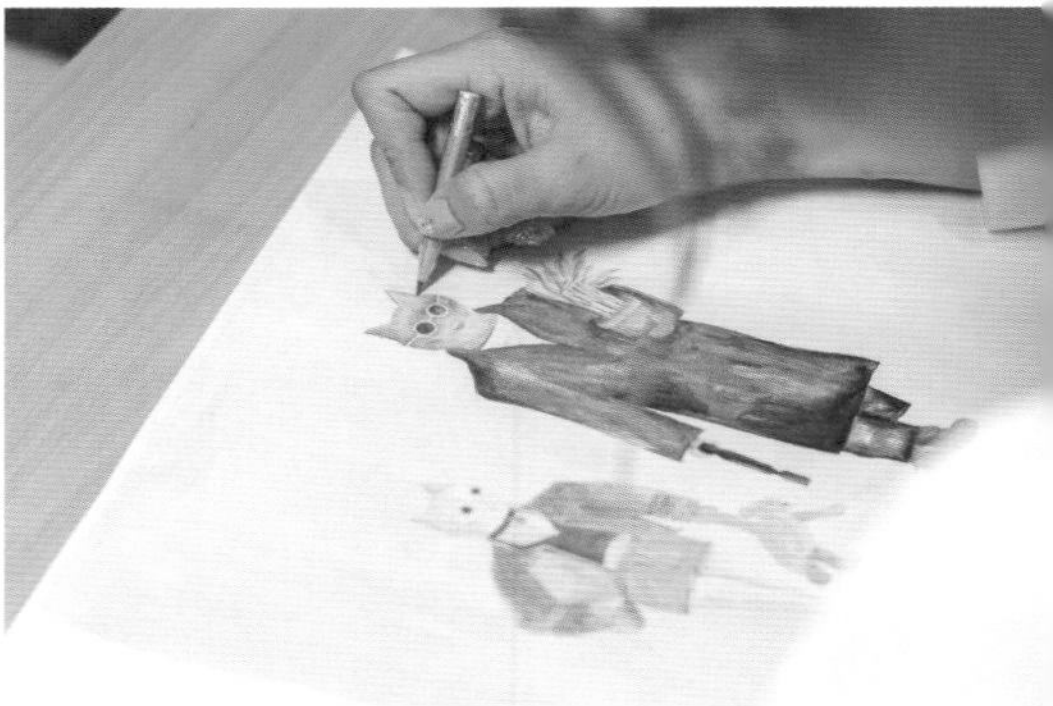

鉛筆が短くなるまで描き続けて

絵もネイルも、この“居場所”から

“好き”を自由に描いた、ハジチと猫

猫、レコード、ハジチ。森山麻美さんがイラストで描く世界は、好きで溢れていて自由だ。ネイリストとしての顔も持つ彼女だが、「アサモヤワークス」は、彼女の中で欠くことのできない大切な一部になっている。

イラストを描きはじめたのは、石垣島で発行される月刊誌「やいま」から、誌面に載せるイラストの依頼をもらったこと。はじめてだったものの、自分が思う沖縄をイメージして、石垣島で暮らしてはじめて知ったアンガマやハジチという独特な文化をモチーフに描いてみた。それからSunny Timeの石嶺蘭沙さんと開催したイベントで商品をつくったのをきっかけに、「アサモヤワークス」と名づけ、活動を本格化させた。「周囲の人からいろいろなきっかけをもらえることが嬉しくて。とにかく手を動かしているその時間と瞬間が楽しい」。そう語る彼女は、イラストの世界を飛び出して、新たなきっかけをもらいながら、立体物など別の方法での作品づくりもはじめている。彼女にとってアサモヤワークスは、表現の手法に関係なく、手を動かす欲求を存分に溢れ出させて遊べる”居場所“なのだ。（も）

「帽子が画家っぽいですね」とはにかむ森山麻美さん

石垣市大川207
石垣アパート
MAP P157
asamoya.works

池間島に佇む、未来を紡ぐ小さな工場

43

ヤラブの木

YARABUTREE

[池間島]

島の宝もので未来を紡ぐ仕組みをつくる

うつくしい自然、独自の言葉と豊かな知恵、そんなたくさんの宝ものがある池間島。おじぃおばぁから何かを教わるたびに島への愛がひしひしと伝わってくる。「その気持ちに応えてみたい」と話すのは、「ヤラブの木」を営む三輪大介さんと智子さん。池間島は、宮古島からエメラルドブルーに輝く海に挟まれた橋を渡ってたどり着く、周囲およそ10km、人口550人ほどのちいさなちいさな島だ。

環境や暮らしに負担をかけず、若い人もお年寄りも島と関われる仕組みをつくりたくて着目したのが、昔から土を海に流さないために海岸に植えられていた「ヤラブの木」。たくさん成る実はこれまで活用されていなかったけれど、その種からは化粧品の成分となるタマヌオイルが採れるの

上／ヤラブの木を営む三輪大介さん（左）と智子さん（右）　下右／島のみんなでつくる化粧品　下左／植えて育てるヤラブの森

だ。自然に落ちた種だけを拾い、乾かし、おじぃおばぁが丁寧にその殻を割ってくれる。だれだって、社会と関わる「できること」があると嬉しそう。「いずれは全ての工程をこの島でやりたいんです。もっと仲間を増やして島全体に広げていきたいです」。ぎゅっとしぼってポタリと落ちる1滴のオイルが、島の未来を紡いでいく。（も）

宮古島市平良字池間266
MAP P157
☎0980-75-2501
9:30〜17:30
（水曜日は15:30まで）
土日休
yarabutree

44

seek a seed

シークアシード

[石垣島]

伝えたい思いは アクセサリーに 変えて

　例えば夕日を眺めたとき。その風景が完璧に計算されたうつくしいパズルのように見えることがある。落ち葉だったり、路傍のちいさな花だったり、全体のアクセントになるようなささやかなピースを見つけて取り出し、それをアクセサリーというかたちにする。

　石垣島の中心地、アーケード街のはずれにある「石垣アパートメント」。年季がはいった、どころではないその建物の1階に

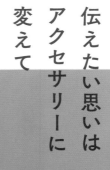

お店を構えるのがseek a seedの本柳綾さん。取り出すピースは、オオゴマダラや月桃の実、沖縄女性の入れ墨であるハジチなど、綾さん自身が「きゅん」としたもの。それを手に取ってもらえたら、「私という存在や、私が想像したことを、理解したり、共感してもらえたような気がして幸せなんです」。言葉ではうまく伝えられないことも、アクセサリーに変換すれば伝えられるような気がする。seek a seedは、綾さんにとってコミュニケーションツールなのだ。

「アクセサリーって何年経っても廃れない。だからいつか、私のつくったものがいろいろな場所に散らばって、千年後の誰かに見つけてもらえるといいな」。(も)

アクセサリーをつくりながら、お店を営む本柳綾さん

素朴な店内で、思いをアクセサリーに変えていく

石垣市大川207 石垣アパート1F西
MAP P157
不定休
seek_a_seed

124P・上／オオゴマダラが耳元で休む姿を想像して　下右／物語のつまったアクセサリーが並ぶ　下左／ちいさな道具でカタチにする

笑顔満開、デザイナーの池城安武さん(左)とスタッフの小浜まどかさん(右)

島バナナがなったプリントTシャツ

スタッフの吉田麻優さんはいつも明るい笑顔

45

イチグスクモード

ICHIGUSUKU MODE

［ 石垣島 ］

自然も文化も方言も石垣島をポップでアートに描き出す

オオゴマダラやウチカビなど石垣島の文化をモチーフに、シルクスクリーンを使ったグラフィックや服飾を手がけるイチグスクモード。デザインをするのは石垣島出身の池城安武さんだ。シルクスクリーンをはじめたのは、ロンドン留学中に出会ったポップアートの世界がきっかけ。「僕もやってみたい」。そう思い30歳で帰郷し、道具を自作、自身の作品をTシャツに印刷することからはじまった。

昔はどこかダサくて大嫌いだった島の文化。戻ってきてみると、豊年祭やウチナー料理、ただ咲いているデイゴでさえも魅力的に目に映った。「僕と同じように、石垣島を好きになってほしい」。そんな視点で描き出すデザインは斬新で、大胆で、かっこいい。「池城さんのデザインを見ていると、石垣島が誇らしくなる。そんな石垣島出身の自分自身のことも好きになれる気がするんです」と、スタッフの小浜まどかさん。1度島を離れた経験があるからこそ見えてくる、安武さんならではの視点で、石垣島の「かっこいい」を見つけてはデザインして写し出す。そうしてイチグスクモードは「石垣島ファン」を増やし続けている。

安武さんがデザインした山之口貘さんのTシャツの版

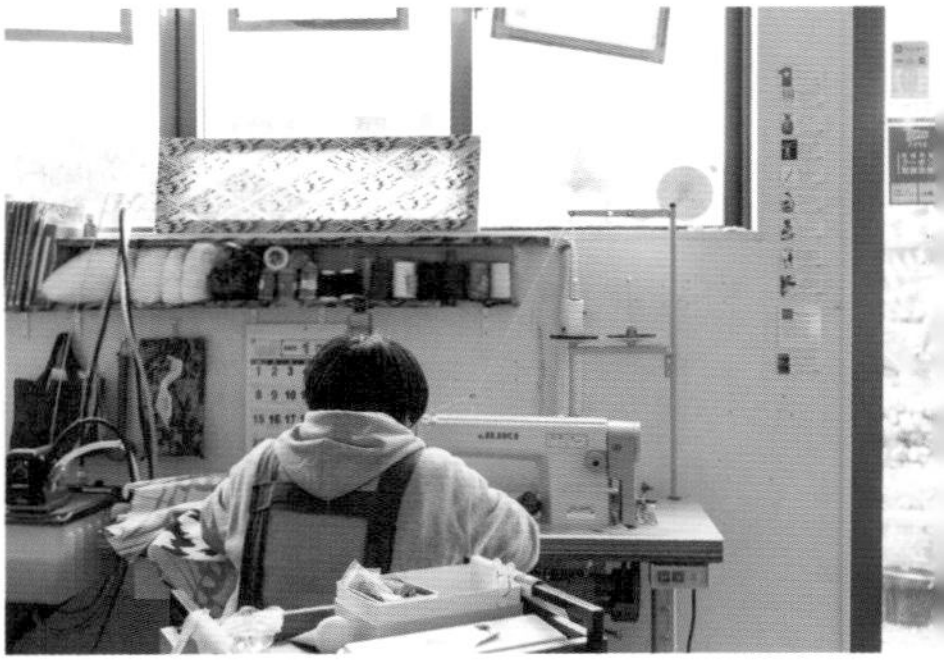

右／縫製はミシンで丁寧に　左／一緒に“アート”を育てる「イチグスクガロウ」

とある夜更けになんとなくネットサーフィンしていて見つけた物件。50歳になったら開きたいと思っていたアートギャラリーにもってこいのこの場所を、出会いの勢いで「イチグスクガロウ」と名付けて2023年にオープンさせた。これまでTシャツなどの隣で販売していたアートを、しっかり見てもらえる場所ができた。「アートを見にきてくれるお客さんとはついつい話をしてしまう。いただくオーダーが自分では思いつかないアイデアばかりで面白い。どう形にするかを試行錯誤するのが楽しいんです」。ここは、ギャラリーでありながら、見にきてくれる人とアートを育てる、そんな場所なのかもしれない。将来は、海外の展示会で出会った作家や友達も、この場所に呼んで、海を越えて繋がり合える場所にしたいのだそう。

「やりたいことを素直にやれば、楽しい時間がやってくる。その楽しい時間がまた“新しい楽しい”をつれてきてくれる」と安武さんは言う。取材の間も、とにかく楽しくて、笑いがたえない。楽しい時間に

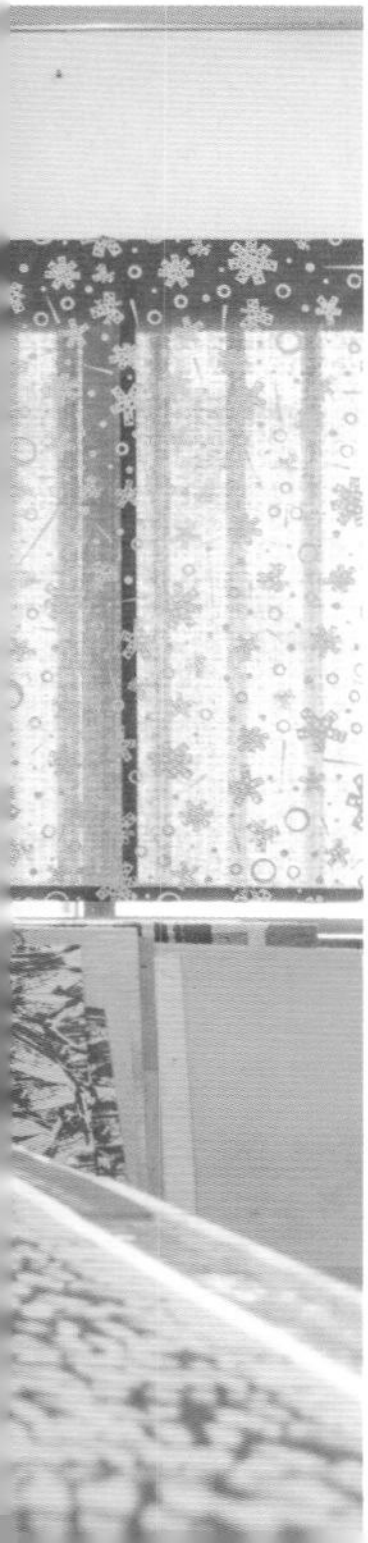

730交差点近くの「イチグスクモード730交差店」

身をまかせるように、素直にやりたいことに取り組めば、自ずと望む場所へ導かれていくのかも。そんなふうにいつの間にか自分の気持ちが高揚していて、あ、これがイチグスクモードの魅力のひとつなんだな、と気付かされた。（も）

<イチグスクモード730交差店>
石垣市美崎町3
MAP P157
☎070-8428-3358
11:00～19:00
なし
ichigusukumode

シルクスクリーンに使うのは、手づくりの大きな版

路地の角にある丸い看板が目印

上／朗らかに迎えてくれるみちるさん　右中／いろんな具が楽しいおにぎりたち　左中／斎藤寛子さんによるイラストグッズも人気　右下／お庭で花を積んで　左下／テーブルの彩りに

46

niginigi

ニギニギ

［石垣島］

お庭で花を摘んで おにぎりを握る 背伸びしない いつものおいしさを

「奪い合うより与え合いたい」。取材の終わりに、店主のあらさきみちるさんが呟いたひと言がずっと心に残っている。その何気ない言葉に、niginigiの魅力が詰まっているような気がしたから。

石垣島の住宅街に佇むお店にはかわいらしいお庭がある。花を摘んでは店内やテーブルを飾りつけていて、まるでみちるさんのお家に招かれたような、つい長居してしまいたくなる居心地の良さ。民家を改装した店内には座敷の席もあって、ちいさい子も一緒にくつろげる。

石川県の実家で育てたられたお米を使い、なるべく地元の安全な食材を、背伸びしない範囲で選ぶ。なにより大切にしているのはお客さんひとりひとりの顔を見て、気持ちを料理に込めること。おにぎりに合わせてつくる、週替わりのおかずも人気だそう。

「誰もが知っていて、みんなが好きなおにぎりをしみじみおいしいと感じてもらって、誰でも通えるお店でありたい」。そんな想いで握るおにぎりは月桃の葉に包まれていて、開けるとコロンとしたフォルムがかわいらしい。そこには、故郷のお米と島の食材の恵みが合わさって、仕上げにみちるさんのやさしさがぎゅっと、握られている。（ゆ）

石垣市登野城413
MAP P157
☎ 0980-87-9058
11:30〜16:00
月火休
niginigi_ishigakijima

畑道にてファミリーでの一枚

右上／事務所兼加工場は野菜の直売も
右下／たくさんの鶏たち　左上／畑を見
守るヤギ　左下／ハウスの中での栽培も

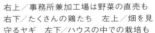

47

大浜農園

オオハマノウエン

［ 西表島 ］

西表島で 暮らしも、自然も まるごと耕す

南の島といえば青空、青い海のイメージだけど、島のほとんどを亜熱帯のジャングルに覆われた西表島は、しっとりとした雨の風景もよく似合う。

その西表島の、先代から引き継いだ土地で、米づくりを中心とした無農薬の農業を営む大浜一将さん。「暮らしも農業も全部繋がってるんです」という大浜さんは、農家のほかに町議会議員という顔も持っている。地元の学校給食を西表島産のお米にしたり、牛の飼料になる大豆や飼料米を育て、牛の堆肥を農業に活用するなど、〝西表島の自然と循環を感じられる農業〟ができる仕組みづくりにも取り組んでいるのだ。自然とのつながりが感じられるお米づくりをしていきたいとは言いつつも、農業は自然との闘いでもあり、簡単なことではない。

それでも収穫したお米を米粉に加工してアレルギーの方にも喜んでもらえるようにしたり、収穫したものを〝食べる〟西表ならではの体感型ツアーの構想を練ったりと、西表島の農業の可能性を拡げ続けている。「今はまだ種まきです」と静かに、でも確かな想いを持って、大浜さんは西表島の農業も暮らしもまるごと耕そうとしている。（ゆ）

上／収穫した米を加工した米粉製品
下／雨降りの西表島は霧に包まれていた

竹富町西表1608
MAP P157
☎0980-85-6034
9:00〜17:00
土日休
ohama_farm

48

モジャのパン屋

MOJYA BAKERY

［宮古島］

思い出を超える味を つくり続ける やさしいパンと コーヒーと

これが宮古島で噂の“丸パン”

パンの形の看板がぶら下がる、黄色い窓枠が目印のちいさなこのお店は、宮古島にある「丸パン」が人気のパン屋さん。オープン前にお店へ伺うと、直美さんが小窓から顔を出して挨拶してくれた。中ではモジャさんこと室上智宏さんがせっせとパン生地をこねている。厨房を覗くと、レトロなチラシに、かわいいイラストのハガキ、古い本やおもちゃのようなオブジェなんかが、パンづくりの道具と一緒にびっしり並んでいる。「イメージはフランスの屋根裏部屋。好きなものに囲まれていると気分もあがるから」。モジャさんはお気に入りの音楽を流して、毎日好きなものに囲まれてパンづくりを

お店の前でモジャさんこと室上智宏さん（右）と、奥様の直美さん（左）

している。同じ場所でパンを焼き続けるのには、ふたりがこの場所に惹かれているから。

焼きあがるころ、作業服を着たお兄さんやご近所のマダム、観光客まで、目をキラキラさせたお客さんが集まってきた。ふたりは販売の準備をしながら窓の外を覗く。「僕は一生パン屋でいたい。近くに学校があってね、ここでずっとパンを焼いていたら、地域の子たちの成長を見ることができる」。将来、モジャのパン屋になると言っていたらしい、「チョコパンボーイ」と呼んでいた男の子も、久々に現れたらおじさんのようになっていたそうだ。「それはさすがに嘘！」と直美さんがつっこみながら笑った。

お店はいつも夫婦ふたりで

焼きたての丸パンには、あたたかいコーヒーを

「だれにでも良いときも悪いときもあるけれど、どんなときでも僕らは変わらずにここに居たい。だからパンの味は、何年後に来ても記憶にある味を超えられるように、おいしくおいしくつくるんです」。

パンと一緒に楽しむことができるコーヒーは、定休日にモジャさんが丁寧に焙煎している。招いてくれた倉庫を改装した焙煎室は、ホカホカとした匂いに満ちていて、焙煎機の中をコーヒー豆が滑る音が響いていた。棚にはいろんな国から届いた豆が並び、ここにもモジャさんのお気に入りがあちこちに置かれている。「焙煎は孤独ですよ」と笑うと、色・温度・空気の流れを、目・耳・肌で感じながら、慎重に次の工程のタイミングを伺う。「変化の理由を見つけられるように」と、ちいさなノートにはメモがびっしり。パンのお店だけどコーヒーにも定評があるのは、きちんと理由があるのだ。

おいしいコーヒーと、思い出の味を越え続けるパンづくり。食べる人を思い浮かべながら、モジャさんは今日もせっせとパンを焼く。(も)

宮古島市平良東仲宗根20番地
MAP P157
火〜金　10:00〜15:00
土・祝　10:00〜12:00
日月休
mojyabakery

上／お気に入りに囲まれた空間でパン生地をこねる　下／焙煎の記録がつまった小さなノート

ふっくら焼き上がった丸パンはいかが？

49

glycerinqueen

グリセリンクイーン

［ 宮古島 ］

石鹸とおしゃべりで心が明るくなれる体験を

上／大きな笑顔で迎える茉季子さん。 下右／それぞれの個性が現れる手づくり石鹸 下左／福木カフェ・商店の彩子さんに描いてもらった「ARIGATOU石鹸」

宮古島市平良荷川325-11
AP478 1F
MAP P157
☎0980-75-2880
9:30〜17:00
金土休
glycerinqueen_miyako

路地に佇むちいさな映画館のその脇にある緑のお店。扉を開けるとおおきな笑顔で迎えてくれた原茉季子さんは、数人入ればいっぱいになってしまうこのちいさなスペースで、石鹸づくり体験を行なっていた。うつくしい自然に魅了されて移住を決意した宮古島。ダイビングの仕事をしながら、知人に勧められて始めたのが石鹸づくりだった。「自分でもつくれるんだ！」という喜びと、余計なものを入れない手づくり石鹸の気持ち良さに感動。仕事として取り組み、2020年に「glycerinqueen」をオープンした。現在は広い施設に工房を移し営業している。

石鹸の材料になるのは蜜蝋やフェアトレードのパーム油。着色も宮古島のクチャや麻炭など。自然や人に刺激を与えない、やさしい石鹸をつくる。体験には「ものづくりの楽しさ」という魅力もあるけれど、一番の楽しみはやっぱり茉季子さんとのおしゃべりだ。「お客さんが旅の思い出を嬉しそうに話しては、ありがとうって笑顔で帰っていく。たまんない。ものづくりも楽しいけど好きなのはそこ！」。体験が終わると、そんな明るい人柄に触れて、誰もが元気をもらって店を出る。（も）

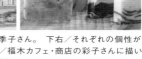

スパイシーな島コーラは
クセになる味

元気な笑顔が
チャーミングな
あーぴんさん

50

タマリンド食堂

タマリンドショクドウ

[石垣島]

自由な笑顔と畑のコーラで元気をもらえる開かない食堂

巨大なオオギバショウが広い空に気持ち良さそうに伸びる。ジャングルみたいな畑から笑顔を見せてくれたのは、タマリンド食堂を営む「あーぴん」こと永田かな子さん。足元のウコンをおもむろに掘って手に取り、お次は茂っているカレーリーフ。それらを使ってつくられるオリジナルの島コーラは、スパイシーさだけでなく、ちゃんとお馴染みのコーラの味わいがバランスよく感じられて、飲めば体の中からぐっとエネルギーが湧いてくる。

畑のそばにあるツリーハウスみたいなお店は工房と化していて、店内で島コーラを仕込んだり、ケータリングの準備をしたりと忙しそう。いまのところ、このお店の開店の予定は未定まま。

子どものころからおいしいものが好きで、ずっと料理に携わってきたあーぴんさんは、大の旅好きでもある。訪れた土地で感じたインスピレーションを持ち帰って料理に反映させているのだ。2023年、久々にインドにいってきたそうで、新たなインスピレーションを持ち帰ってきた。

「島コーラを軸に、いろんなカタチでおいしいものをつくっていきたい」と話す自由でしなやかなあーぴんさんの料理を、いつかこのお店で、味わってみたい。(ゆ)

店舗休業中 ※情報非公開
tamarindsyokudou

51

shiraho家cafe

シラホ イエカフェ

［石垣島］

その土地に惹かれ
その土地を輝かせる
白保への愛着と想いを
一杯に込めて

両脇を石垣に挟まれたまっすぐに続く道。歩く先にはうつくしい海と、福木並木と赤瓦、昔ながらの風景が残る白保地区。柳田千晶さんは、自然と人の営みが共存する風景と、神事や芸能などの文化に魅了され、白保へ移り住んだ。その魅力を伝えていきたい、と集落の人びとと「日曜市」を開催したり、地域素材を使った商品開発などの活動をしたのち、自宅を改装してカフェをオープンさせた。

カフェの大きな窓からは庭のハイビスカスが風に揺れる様子が見え、畳の間には「長居OK」のちいさな看板があり、集落のゆったりとした時間を、そのまま感じられる。

「この土地の良さには自信があるから、それをちゃんと考えて伝えていきたい」。そんな柳田さんがつくるハーブティーは、パッケージもかわいくてお土産にもピッタリ。お庭や集落にある畑で採れたハーブを丁寧にお茶にしていて、素朴だけど飽きのこない、暮らしに寄り添うおいしさだ。もちろんお店でも味わえる。穏やかさと芯の強さを同時に感じさせる柳田さんは「白保の良さを伝えて、ここがもっと良い場所になるようなことが出来たら」と、優しく微笑んでいた。（ゆ）

上／庭でハーブを摘む柳田さん
下／カラフルなパッケージが人気のハーブティー

石垣市白保42-3
MAP P157
☎0980-87-0355
12:00〜18:00
火水休
shirahoiecafe

石垣産のいろんなフルーツを冷凍しておいしさを閉じ込める

52

KOPPARI

コッパリ

［石垣島］

島の恵を瞬間冷凍
無駄をなくして
島の農業を支える

店名である"コッパリ"は石垣島の言葉で"凍らせる"という意味。でも、運営する宇根和孝さんは"凍らせる"とは真逆のアツい人。「とにかく無駄なことが嫌い」なのだとか。

コロナ禍で余ってしまったり、傷がついて市場に出しづらい果物を無駄にしない方法はないかと考えたのがきっかけで、培ってきた経験や周りの人々の協力を得ながら石垣島の果物を通年楽しめるKOPPARIを始めた。旬の時期に瞬間冷凍されたフルーツはひとつずつ丁寧に真空梱包されて、瞬間冷凍だからこそ風味と味わいを損なわずにどんな場所でもおいしくいただける。パインやマンゴー、パパイヤなどを相性良く組み合わせ、そのままミキサーにかけるだけでおいしいスムージーができるスムージーパックも人気で、製造所に併設のパーラーでは、地元の人にも喜ばれている。加工で出てしまうパインの皮を牛の飼料として再利用したり、自動販売機でいつでもフルーツを買えるようにしたりと、宇根さんは次から次へと湧き出るアイデアと行動力で邁進中。アツい宇根さんのつくる、冷たくて瑞々しい南国のフローズンフルーツ、いかがですか?（ゆ）

石垣市平得377-1
MAP P157
☎080-8952-7405
🕓11:00〜17:00
🏠木休
koppari_ishigaki

宇根さんの自信に満ちた顔がイイ！

53

atelier. TENCHI

アトリエテンチ

［石垣島］

天と地がつながる器づくりに夢中になれる場所

案内のあった場所へ向かうと、あたりがだんだんと草木に覆われてきた。不安に思いながらも細い道を抜けると、そこは小高い丘になっていて、広い草原とその向こうに水平線が見える。名前の通り、天と地が繋がるようなこの場所に「atelier.TENCHI」はある。

忘れもしない2019年2月、下地京子さんがお風呂場で頭を洗っていると、ふと森の木漏れ日の中に佇む小屋の景色が思い浮かんだ。その情景はとても心地良く、「こうありたい」と願う自分の未来を指し示すかのような感覚だった。

とあるよく晴れた日。息子さんを幼稚園に送ってそのまま車を走らせていると、虹が現れた。石垣島で虹を見ることはさほど珍しいことではない。でも、このときの虹は涙が出てしまうほど綺麗だった。心が揺さぶられたからだろうか、「今日だ」と思い立ち、以前から気になっていた陶器工房へ向かってみることに。その道の先で、お風呂場で思い

右／整頓された器づくりの道具たち
左／模様はスポイトをつかって丁寧に

atelier.tenchi

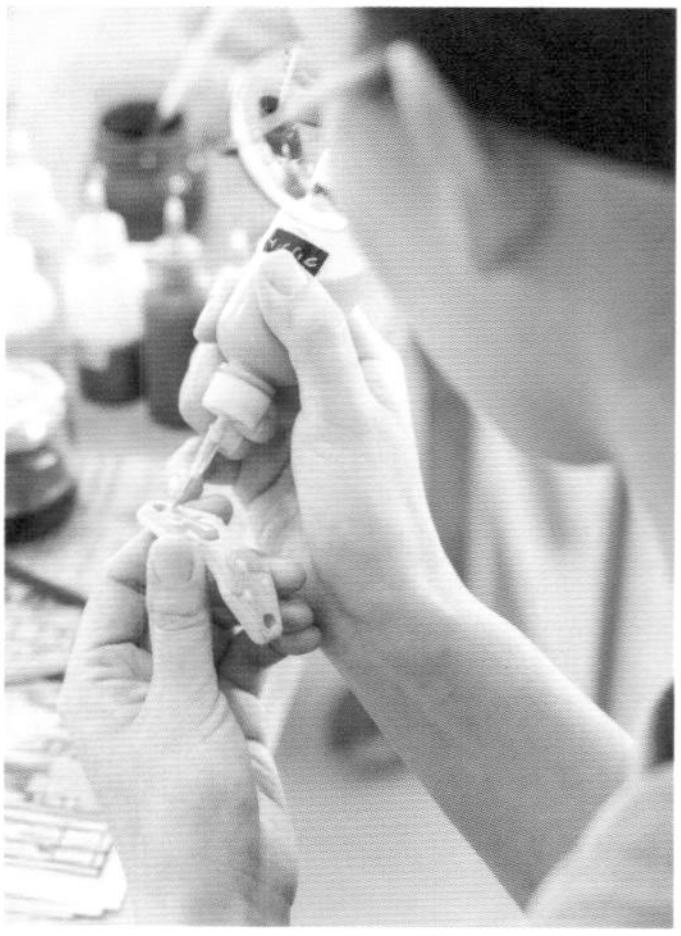

窯出しは、貫入の
音を聞きながら

それぞれの"トキメキ"を纏った
ヘアゴムのパーツ

器をみつめて「こうしたいな」をふくらませる

上右／旅立ちを待つTENCHIの器たち　上左／ふとした時に目に入るTENCHIの看板　下右／キッチンのような釉薬の調合台　下左／ピンッと音を鳴らす、窯出しあとの器たち

浮かんだあの景色と出会った。「ここで陶芸がしたい」。それはまるで、天命のような瞬間だった。

そこは牧場の敷地内の、白いちいさな掘立て小屋。持ち主が誰かもわからないその物件をどうしたら使わせてもらえるのか。知人のツテを頼りに試行錯誤しながら、同時に陶芸教室に通いはじめた。それからは、まるで京子さんがここで陶芸を始めることが決まっていたかのように、人や縁を引き寄せ、物件を使う許可をもらい、陶芸の腕を磨き、内装や設備を整えて、atelier.TENCHIはスタートした。それがたった4年前の出来事だ。

TENCHIの器は、芯のある佇まいながら、柔らかく落ち着く手ざわり。格子のパターン

草原の中の掘立て小屋で器を見つめる下地京子さん

やすずめうりの、ありそうでなかった模様が暮らしに映える。

「制約が無ければ1日中つくり続けてしまうんじゃないかっていうくらい、ここでの器づくりに夢中なんです」。あったらいいな、ほしいな。をどうすれば実現できるかを思いながら、1回1回を焼き上げる。「ほら、可愛いでしょう?」と窯から出したヘアゴムのパーツ、それぞれ"見たことのないもの"がくれるトキメキを纏っていた。これだと思う模様は器にも応用する。「一目惚れって楽しいじゃないですか。何これ!ってワクワクしたいんですよね」と話す彼女の傍らで、窯出ししたばかりの器たちもその喜びを表現するかのように、「ピンッ、ピンッ」と、貫入の音を響かせた。(も)

COLUMN 4

豊かな料理とお酒に酔いしれる

okinawa meal & drink list

ローカルに愛される居酒屋や熱気溢れる予約困難の人気店など、
日常でも旅の途中でも沖縄のいろんなシーンで
おいしくたのしく酔わせてくれるお店をご紹介。

加藤食堂 ［宜野湾市］

カトウショクドウ

本場の雰囲気とくつろげる空気が混ざり合う

フランスの"ワインを楽しむ大衆食堂"をイメージして加藤夫妻がオープンし、ご馳走感と身近さの両方を併せ持つ沖縄を代表するビストロに。どれを食べてもおいしいけれど、名物料理のひとつ、ピキオスには幸せが詰まっている。

宜野湾市真志喜2-16-10 MAP P156

katoshokudookinawa

BACAR OKINAWA ［那覇市］

バカール オキナワ

新たな食の価値観を生み出すレストラン

薪窯で華麗に焼き上げられるピッツァと、炭火と薪火を駆使して火入れされる厳選された肉や魚介、欧州と沖縄の良さを融合させた料理の数々。カウンターでその熱気を感じながら、選び抜かれたワインと共に楽しんで。

那覇市久茂地3-16-15 MAP P156

bacarokinawa

飯ト寿 小やじ ［那覇市］

メシトコトブキコヤジ

昼から夜まで 食事からお酒まで

沖縄昼呑みのメッカ・那覇公設市場界隈にあって13時からお酒も呑めて定食や蕎麦もあって食事もできるお店。しかもどのメニューも気が利いていておいしくて、ガッツリもサクッともイケるのがありがたい。家族連れの姿もチラホラ。

那覇市松尾2-11-5 MAP P156

bukikoya2115

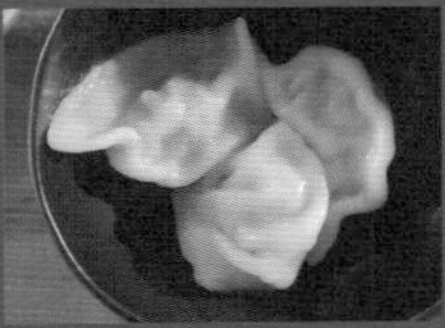

波羅蜜 ［今帰仁村］

パラミツ

お楽しみに包まれる、月に一度だけの夜

普段は日中のみ営業ですが、"第3水曜日は水餃子の日"と銘打って月イチの餃子酒場に。昼とはまた違う夜の落ち着いた店内も抜群の居心地。餃子はもちろん、その時々のアテも絶品でビールに紹興酒に自然派ワイン、どれと合わせても至福のひととき。

今帰仁村仲宗根278-3 MAP P155

paramitajunji

糸満屋 ［那覇市］
イトマンヤ

ローカルの胃袋をガッチリ掴んで離さない
ボリューム満点でリーズナブル、そしておいしいと三拍子揃った地元民に愛される老舗居酒屋。魚屋がやっているので大ぶりの刺身やゴロゴロの天ぷらはマスト。ちゃんぷるーなどの沖縄料理もおいしい。オリオンビールの後はぜひ島酒（泡盛）を。

那覇市三原3-20-9　MAP P156
itomanya.mihara

スパイスハーブホリデー ［那覇市］
Spice herb holiday

熱帯夜にはスパイスとハーブを
亜熱帯・沖縄の気候にピッタリな丁寧な調理と繊細な味つけのタイ料理を食べさせてくれるお店。エキゾチックでスパイシーで凛としたおいしさの料理たちは、ビールはもちろん微発泡ワイン・ビーニョヴェルデとも相性バッチリ。

那覇市牧志1-12-1　MAP P156
spiceherbholiday

ジャングル飯店 ［宮古島平良］
ジャングルハンテン

ラーメンもアテもイケるニュー町中華
モジャのパン屋・モジャさんオススメ！宮古島にはジャングル飯店がある！という安心感まで抱いているそう。ど真ん中から変わり種まで、どれを食べても間違いなし。いろんな料理をつまんで呑んで〆にラーメンなんてのも◎

宮古島市平良字下里575　MAP P157
junglehanten

rokusyo. ［石垣島石垣市］
ロクショウ

洗練された空間と料理で楽しむ島のおいしさ
フレンチをベースとしたシンプルでビッとしたカッコいい料理と自然派ワインを楽しめるお店。お店イチオシの「自家製シャルキュトリー」はマスト、その日に「近海魚一本白ワイン煮」があればぜひ頼んで、ワインで流し込むべし！

石垣市大川289 2F　MAP P157
rokusyo.ishigaki

＼ つくるところで呑む！お酒のススメ ／

レストランや居酒屋に行くのもいいけど、お酒が造られているところに直接行って呑むのも楽しい。先述したやんばる酒造（P28）やCLIFF GARO BREWING（P86）を始め、沖縄にはたくさん"そこで造られたお酒を楽しめる"場所がある。近年、県産米での泡盛造りなどの新たな試みが注目の神村酒造（うるま市）では泡盛蔵見学の後に試飲をさせてもらえるし、石垣島ビール工房ATG（石垣島）やウォルフブロイ（那覇市首里）では出来立てのクラフトビールが呑めるブルーパブがある。つくり手の話を聞いて呑むお酒はまた格別なおいしさですよ。

※最新の営業情報は各店舗までお問い合せください。

COLUMN 5

"いま、おいしいおきなわ"を巡る

the taste of okinawa today

新たな挑戦と古き良き文化。
まだ知られていない四季を味わう。
多様な沖縄のおいしさを巡る。

文・シオヒラユウスケ

〝おいしいおきなわ〟と聞いて、思いつくものはなんだろうか。沖縄そばや島豆腐といった伝統的な料理。パイナップルやマンゴーといったトロピカルフルーツ。もちろんそういったお馴染みのものは地元・観光問わず人気がある。だけど「おきなわのおいしい」はそこに留まらいない。新たなつくり手によってどんどんアップデートされていて、まだ知られていないおいしさがたくさんある。

やんばるの食材だけで
つくられたカレー

　沖縄本島北部は〝やんばる〟と呼ばれる。その地域の畑人〝ハルサー〟(農家のこと)と飲食店などが連携して始まった『やんばる畑人プロジェクト』では近年、沖縄の気候を活かしたスパイス栽培に力を入れている。名護市にある『on the farm』では限定ではあるが「やんばる食材だけでつくったカレープレート」を提供。構成する要素の多いカレーという料理で完全な地産地消を実現して、しかもおいしい。

　同じくやんばる・国頭村の『安田珈琲ファーム』は、栽培したコーヒー豆が国際審査でスペシャリティコーヒーとして認定された実績を持つ。毎年少しずつ収量を増やしながら、沖縄のコーヒーを世界に向けて発信している。那覇に店を構える『rokkan COFFEE CREATERS』で安田珈琲ファームのコーヒー豆をドリップしてもらったことがあって、飲み口のフルーティーさと出汁のような旨味に驚いた。『マキノコーヒー』(P66)の久米島なども含め、沖縄が日本唯一のコーヒー産地として盛り上がっている。

　戦前は沖縄でも盛んに栽培されていた麦栽培を復活させるムーブメントも見逃せない。『島麦かなさん』は沖縄の麦産業を復活させるための県産ブランドで、年々収量も増えてきた。活動の中心的存在で島麦かなさん使った沖縄そばを提供しているのが読谷村に本店がある『金月そば』だ。県産の小麦である島麦かなさんを配合し独特の風味と食感

ぎのざストロベリーファームズのたわわに実った苺

を出した麺は、一度食べるとやみつきになる味わい。その輪は沖縄そば以外にも広がっていて、『CLIFF GARO BREWING』（P86）や『commons』（P58）も島麦かなさんを配合したビールやパンをつくっている。年に一度の「麦うまちー」という県産麦の収穫祭では島麦かなさんを使ったおいしいものが集まる。昔の農業文化と現代のつくり手が交差し、地産地消と新たなおいしさを両輪で回していく動きによって生み出された〝おきなわのおいしい〟は、食料自給率のアップや観光面での魅力向上など、沖縄の抱える様々な問題の解決の一助にもなっていくはずだ。

そしてもう一つ伝えたいのが、季節のおいしさ。四季を感じにくい沖縄ではあるが、旬の食材で季節を味わうことはできる。

1〜3月にはイチゴが実をつける。宜野座村でイチゴ狩りができるということを知っている人はまだ多くないかもしれない。タンカンというみかんの一種も、甘くてジューシーな人気の冬の味覚だ。ゴールデンウィーク前後に県内の漁港に近海ものの本マグロが揚がる。本格的に夏が到来すると出回るパッションフルーツや島バナナといった南国特有の新たなフルーツも人気上昇中。夏の終わりは本島南部・奥武島特産のトビイカの最漁期。島の至る所でトビイカが干される風景を目にするし、てんぷら屋には行列ができる。

長い夏が終わってやっと寒くなると海の幸がおいしくなる。アカジンミーバイやトガリエビスといった高級魚たちはマース煮（塩煮）や塩焼きなどのシンプルな調理法がピッタリで上品かつ旨みが強い。漁獲量日本一を誇るセーイカ（ソデイカ）や、シャコ貝や夜行貝といった貝類も獲れる。暑い沖縄に海産物のイメージは無いかもしれないが、冬の海産物はぜひご賞味あれ。

そして冬は野菜や果物の最盛期でもあって、県内のファーマーズマーケットにはたくさんの作物が並ぶので旅の途中に立ち寄るのも楽しい。

新たなおいしさが次々と生まれながら古き良き文化が復興し、その土地や時期ならではのローカルなおいしさが見つかる沖縄。

島の装い。プロジェクトでは、そんな〝おいしいおきなわ〟を自分たちの足で巡り、伝えていきたい。

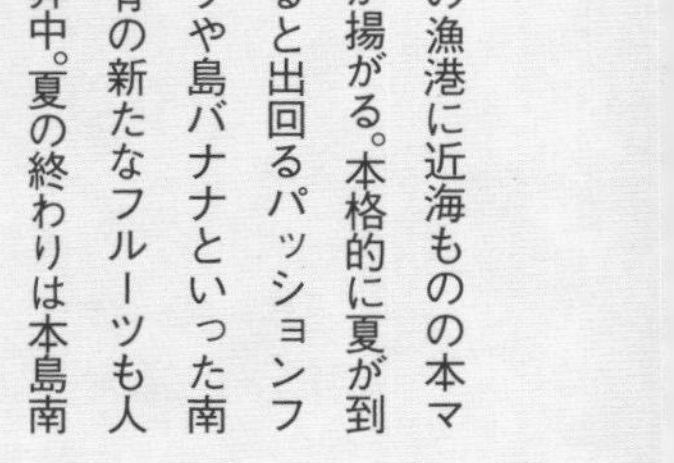

収穫間際の県産小麦の畑は
黄金色で美しい

COLUMN 6

STOREで選ぶ、旅のギフト

okinawa local gift

旅の終わりに、「島の装い。STORE」でお買い物。
自分用にも、贈りものにもぴったりな
“沖縄のものづくり”を、思い出と一緒に持ち帰りませんか？

トロピカルな ときめきをお裾分け

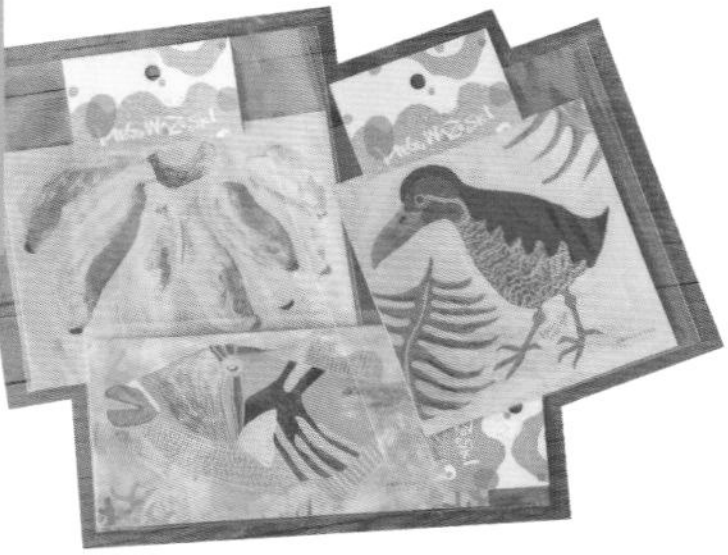

沖縄ならではの動植物を、個性的で鮮やかな色彩で描いたステッカー。雨風に強く車や窓にも◎。MEGU WAZOUSKI｜屋外用ステッカー880円

お気に入りが 見つかるマグカップ

個性的なシルエットと配色がかわいい金城和樹さんのマグカップは飾っても◎。贈ればお気に入りの一つになること間違いなし。金城和樹｜スケッチカップ3,280〜3,780円

昔から愛される 赤いスパイス

那覇市にある食堂「ピパーチキッチン」がつくる、沖縄生まれの島こしょう。甘くスパイシーな香りがどんな料理にも◎。ピパーチキッチン｜赤い実のピパーチ1,353円

花蜜100%の 生はちみつ

伊江島で養蜂・採蜜した非加熱非加工の百花蜜。開封後も常温保管で長く味わえる。そのままでも、ヨーグルトなどにかけても◎ ie honey｜はちみつ600円〜

なつかしい 沖縄のお菓子

リピーター多数の沖縄版ポン菓子。使用しているお米、塩、砂糖すべて石垣島さんにこだわり、香ばしいキャラメル風味がとまらない。ペンギン食堂｜石垣島のはちゃぐみ627円

ニャン山の色彩鮮やかなシーサー

沖縄といえばシーサー。ニャン山の漆喰シーサーはカラフルな絵付けとかわいい表情が特徴的。ちいさめサイズは贈りものにぴったり。ニャン山｜丸福シーサー2,860円

廃瓶から生まれる美しい一輪挿し

再生ガラスでつくるので瓶そのままの色が美しく、花をより映えさせてくれる。こぶりで愛らしいフォルムは、飾る場所も選ばない。ガラス工房ブンタロウ｜一輪挿し各種1,000〜4,000円

沖縄を一粒にとじこめて

レトロな薬瓶に入ったカラフルな四角がかわいい、手づくりラムネ。一粒から沖縄の季節の野菜や果物の味が広がる。ビンfood｜琉球干菓子（ラムネ）756円

石垣島の恵みたっぷりコーラ

石垣島で育つスパイスやハーブでつくられたクラフトコーラ。炭酸にレモンはもちろん、お酒とも相性◎ タマリンド食堂｜島コーラ972円〜

思いを沖縄のお守りに込めて

パイナップルの形がかわいらしい、月桃でつくった沖縄のお守り「マース袋」。安全や健康を願う贈りものとして。種水土花｜月桃マース袋2,530円

ユニークなウチナーグチTシャツ

思わず会話で使いたくなる沖縄の方言をデザインに。友達に変わった贈り物をしたい人や、パートナーとのお揃いにも◎。意味は沖縄で確認してね。イチグスクモード｜方言カタカナTシャツ3,300〜3,850円

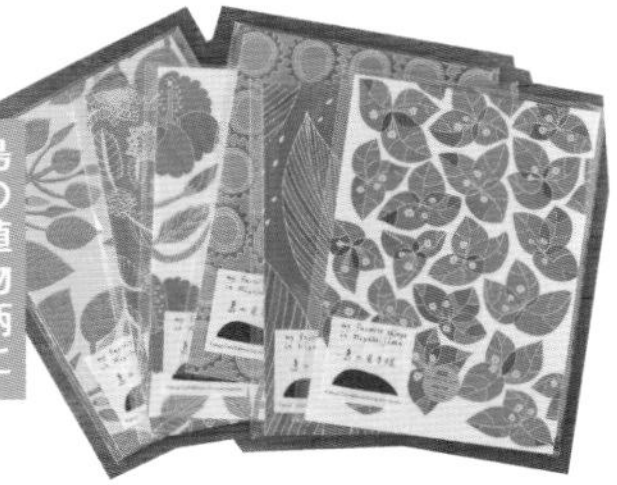

島の植物柄に想いをしたためて

福木カフェ・商店の豊永彩子さんが描く、島の植物の生き生きとした豊かな色合いが素敵。もらった人の気持ちもグッとあげてくれるはず。福木カフェ・商店｜島の見本帳レターセット（全6種）715円

※記載している値段は税込参考価格です。
時期により前後する場合がございます。

沖縄モチーフの手刺繍キーホルダー

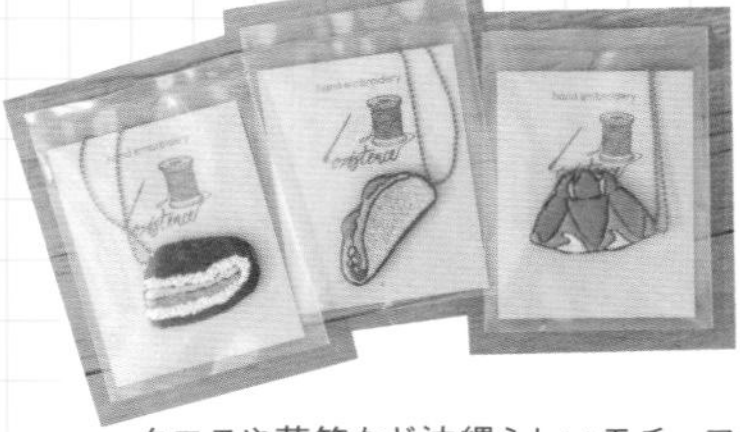

タコスや花笠など沖縄らしいモチーフが、ひと縫いひと縫い刺繍されたキーホルダー。温かさをまとう手刺繍ならではの表情が◎。手刺繍existence｜手刺繍キーホルダー2,750円

メッセージを沖縄の風景に乗せて

沖縄各地の風景を切り取った、フォトポストカード。うつくしい写真が思いを受け取った後も部屋を彩る。島の装い。STORE｜オリジナルポストカード165円

アイデアがつまった"味噌床"

一晩で味噌漬けができる「味噌床」。お野菜やお肉を漬けて、残りはお味噌汁に。お料理好きな人に◎。浮島ガーデン｜島豆腐のおから味噌床1,680円

かわいいイラストのちいさな泡盛

沖縄の生き物たちのイラストが可愛いやんばる酒造の泡盛ミニボトル。泡盛を気軽におすすめしたい人に嬉しいサイズ。やんばる酒造｜UFU-YANBARU世界自然遺産ミニボトル660円

人気店のコーヒーで温まる

人気のお店cafe MONDOORが焙煎するコーヒーのドリップパック。浅煎り・深煎り有りで、ティラミスなどによく合う。cafe MONDOOR｜ブレンドドリップパック270円

沖縄フレーバーのチョコレート

月桃や泡盛など沖縄素材を生かしたチョコレート。お酒を嗜むあの人に、お酒と一緒に贈るのも◎　OKINAWA CACAO｜チョコレート各種620円〜

空気を彩る香りのミスト

石垣島月桃をベースにアロマをブレンドしたSunnyTimeのエアコロン。香り別の癒し時間をあの人へ。SunnyTime｜月桃ミスト各種1,650円

秋冬におすすめ

Recommended for Autumn and Winter

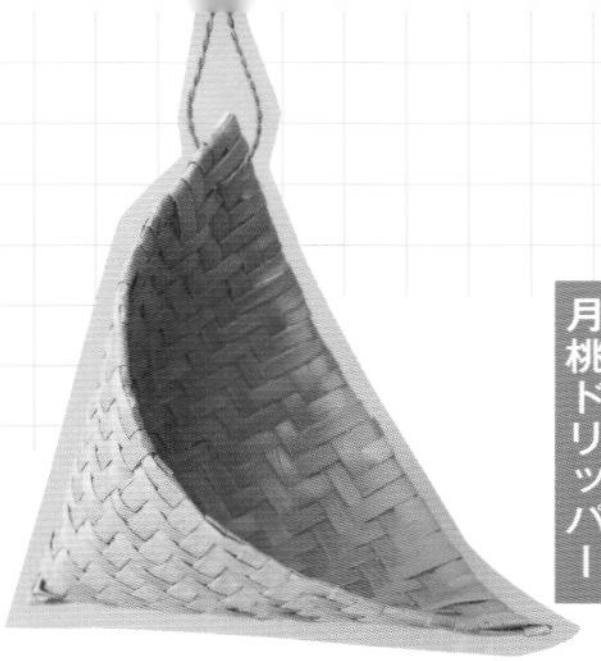

ひと手間を楽しむ月桃ドリッパー

繰り返し使える「月桃ドリッパー」。水に浸しゆっくりドリップするひと手間が愛おしくなる。キャンプでも重宝します。民具なかぎり｜月桃ドリッパー4,620円

石垣島の景色と香りをお裾分け

石垣島の風景を感じる、あたたかさと香りに包まれるアロマキャンドル。風景を再現した色合いがうつくしく、インテリアとしても◎ 工房凪｜シマアロマキャンドル1,250円

心も体も温まる贈りもの

石垣島育ちの素材でつくるハーブティー。ティーバッグで気軽に様々な沖縄ハーブを楽しめる。詰め合わせもあり☑。shiraho 家 cafe｜ハーブティー各種151円〜

ロックで飲みたい伊江島のお酒

伊江島のサトウキビでつくられるお酒「イエラム サンタマリア」。秋冬は樽仕込みのゴールドで内側からじんわり温まるロックが◎。伊江島物産センター｜イエラムサンタマリア各種1,485円〜

カジュアルに贈りたい「紅型」

沖縄の伝統技法「紅型」で、ひとつひとつ手染めしたミニトートバッグ。喫茶店スイーツ柄がキュート。紅型小暑｜紅型ミニトートバッグ5,500円

オンラインストアもあります！

島の装い。STORE

豊見城市豊崎1-329

MAP P156

☎ 098-987-1593

10:30〜18:30 火水休

shimanoyosooi.com

shimanoyosooi_project

※記載している値段は税込参考価格です。
時期により前後する場合がございます。

OKINAWA MAP

森の中や海のそば、県内のいろいろな場所にものづくりはあります。
ぜひ「つくり手を巡る旅」を楽しんでくださいね。

本島北部・伊江島・伊平屋島

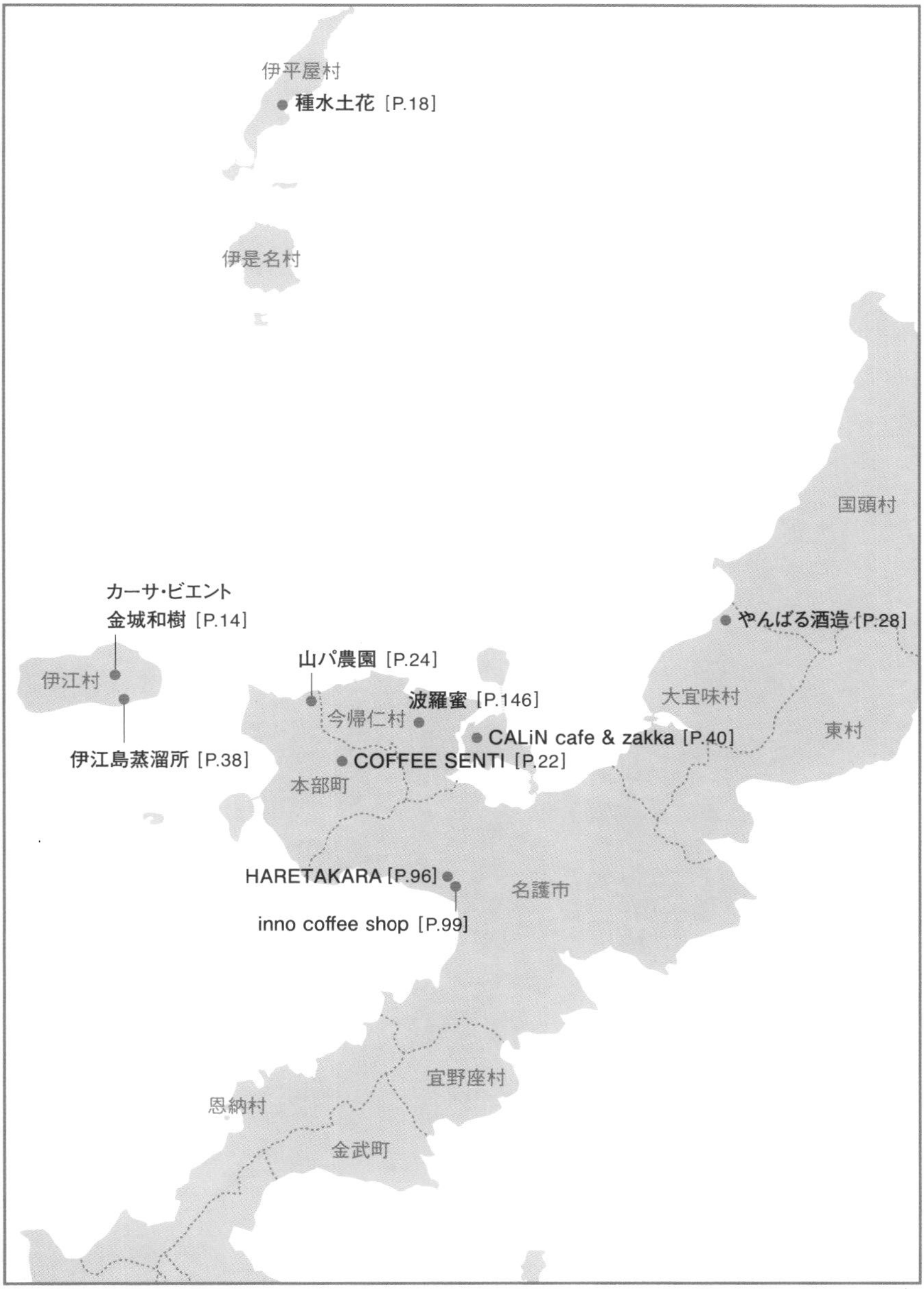

伊平屋村
種水土花 [P.18]
伊是名村
国頭村
カーサ・ビエント
金城和樹 [P.14]
やんばる酒造 [P.28]
伊江村
山パ農園 [P.24]
波羅蜜 [P.146]
大宜味村
今帰仁村
CALiN cafe & zakka [P.40]
東村
伊江島蒸溜所 [P.38]
COFFEE SENTI [P.22]
本部町
HARETAKARA [P.96]
名護市
inno coffee shop [P.99]
宜野座村
恩納村
金武町

本島中部・本島南部・久米島

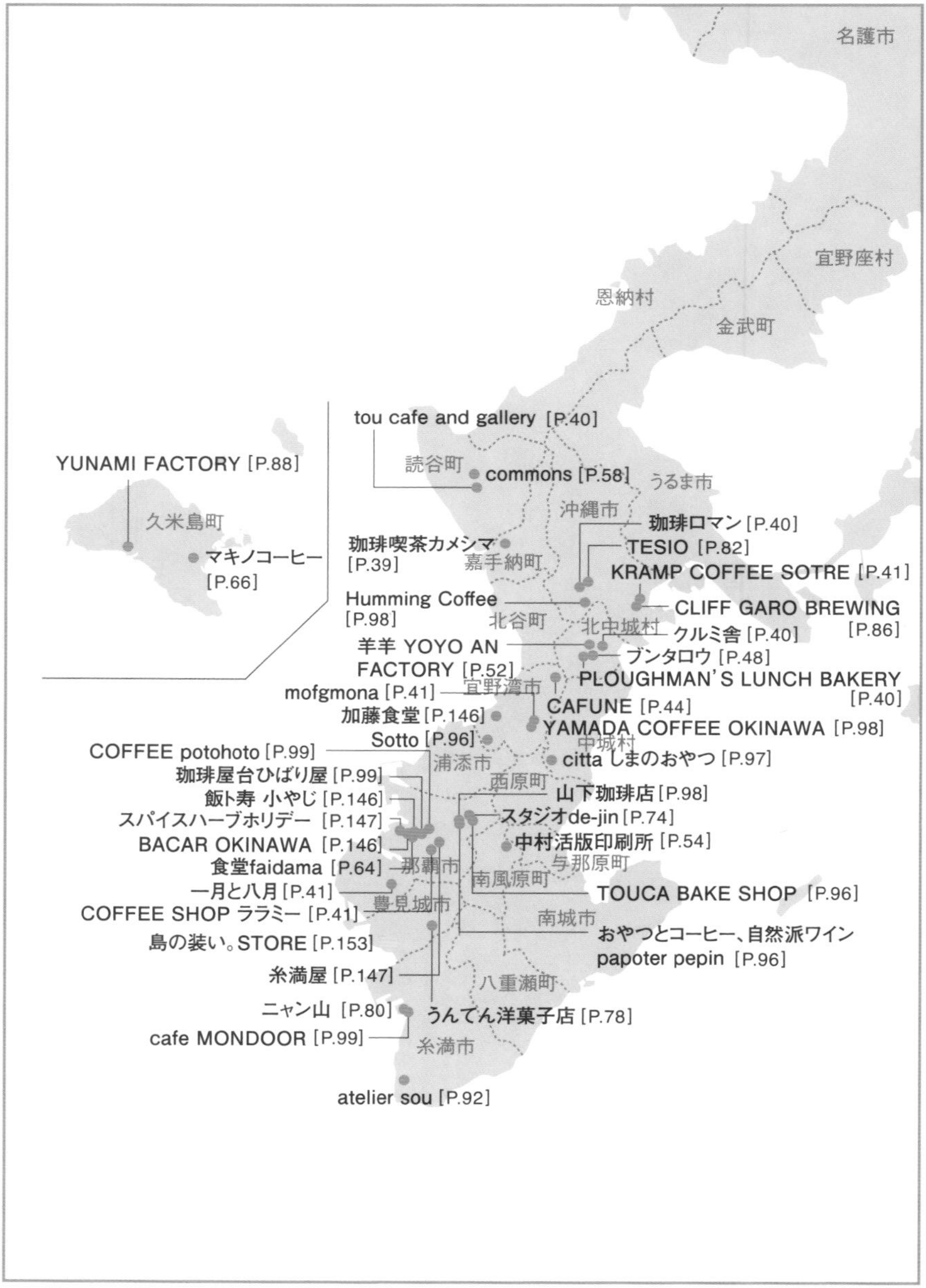
名護市
宜野座村
恩納村
金武町
tou cafe and gallery [P.40]
YUNAMI FACTORY [P.88]
読谷町
commons [P.58]
うるま市
久米島町
沖縄市
珈琲ロマン [P.40]
珈琲喫茶カメシマ [P.39]
TESIO [P.82]
マキノコーヒー [P.66]
嘉手納町
KRAMP COFFEE SOTRE [P.41]
Humming Coffee [P.98]
CLIFF GARO BREWING [P.86]
北谷町
北中城村
クルミ舎 [P.40]
羊羊 YOYO AN FACTORY [P.52]
ブンタロウ [P.48]
PLOUGHMAN'S LUNCH BAKERY [P.40]
mofgmona [P.41]
宜野湾市
CAFUNE [P.44]
加藤食堂 [P.146]
YAMADA COFFEE OKINAWA [P.98]
Sotto [P.96]
中城村
COFFEE potohoto [P.99]
浦添市
citta しまのおやつ [P.97]
珈琲屋台ひばり屋 [P.99]
西原町
山下珈琲店 [P.98]
飯ト寿 小やじ [P.146]
スパイスハーブホリデー [P.147]
スタジオde-jin [P.74]
BACAR OKINAWA [P.146]
中村活版印刷所 [P.54]
食堂faidama [P.64]
那覇市
与那原町
南風原町
一月と八月 [P.41]
TOUCA BAKE SHOP [P.96]
豊見城市
COFFEE SHOP ラララミー [P.41]
南城市
島の装い。STORE [P.153]
おやつとコーヒー、自然派ワイン papoter pepin [P.96]
糸満屋 [P.147]
八重瀬町
ニャン山 [P.80]
うんてん洋菓子店 [P.78]
cafe MONDOOR [P.99]
糸満市
atelier sou [P.92]

八重山諸島・宮古諸島

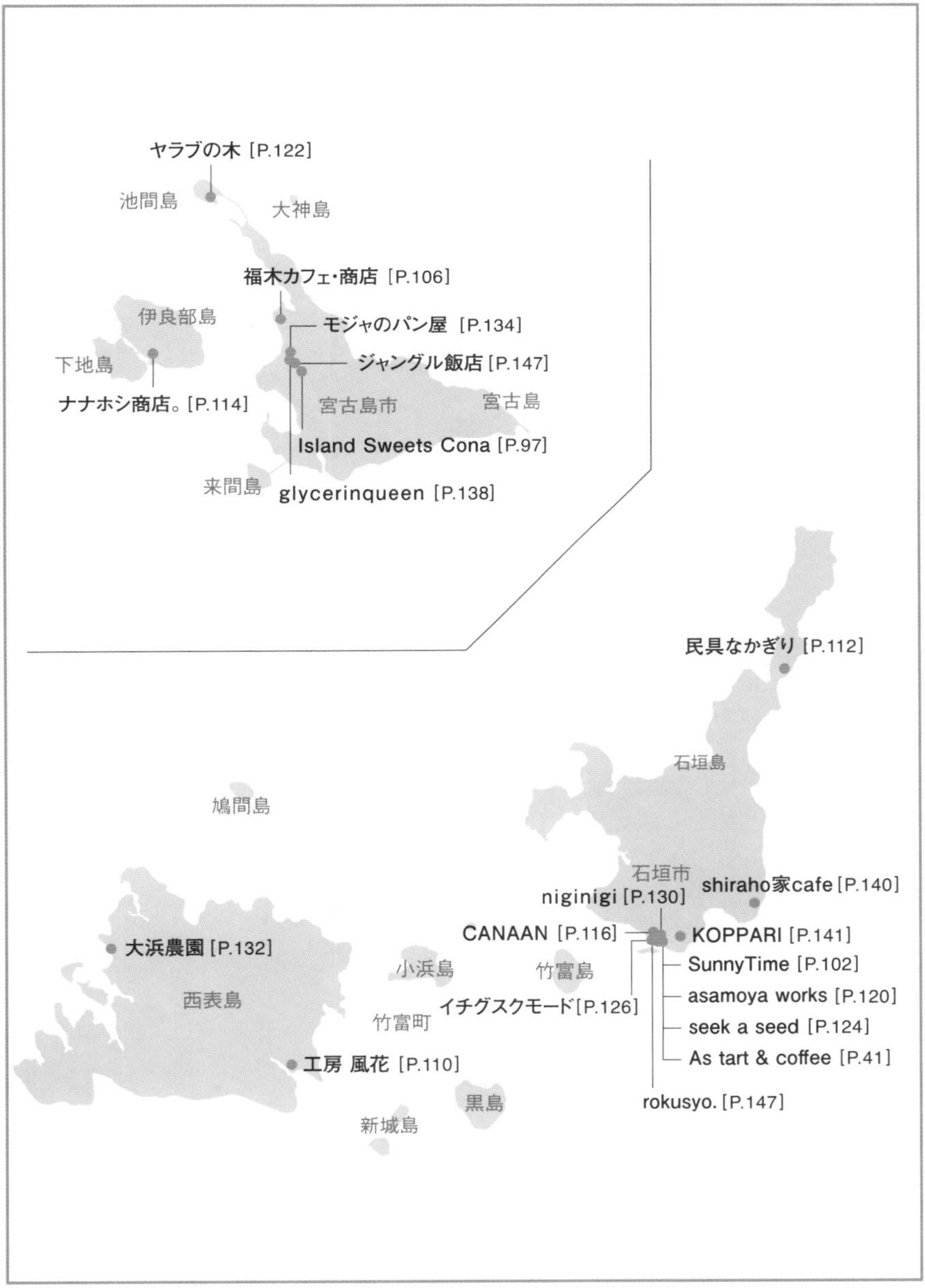

ヤラブの木 [P.122]
池間島
大神島
福木カフェ・商店 [P.106]
伊良部島
モジャのパン屋 [P.134]
下地島
ジャングル飯店 [P.147]
ナナホシ商店。[P.114]
宮古島市
宮古島
Island Sweets Cona [P.97]
来間島
glycerinqueen [P.138]
民具なかぎり [P.112]
石垣島
鳩間島
石垣市
shiraho家cafe [P.140]
niginigi [P.130]
CANAAN [P.116]
KOPPARI [P.141]
大浜農園 [P.132]
SunnyTime [P.102]
小浜島
竹富島
西表島
asamoya works [P.120]
イチグスクモード [P.126]
竹富町
seek a seed [P.124]
工房 風花 [P.110]
As tart & coffee [P.41]
黒島
rokusyo. [P.147]
新城島

AFTERWORD

なぜものづくりをテーマにしているのか、何を目的として、どんな価値観を持って活動しているのか共有したくて、思いを言葉にしています。この本の終わりに、詩のようにしたためたその言葉を、みなさんにお届けしたいと思います。

「みんなでしあわせになる」

大好きな沖縄には、世界中に自慢したくなる文化と心、そして"ものづくり"があります。

わたしたちが伝えたいのは、"ものづくり"のある暮らしの豊かさ。

ものづくりが、つくり手とつかい手がお互いを思いやれる機会をくれること。

ものづくりが、人生の選択肢を増やし、自分らしく生きる後押しをしてくれること。

便利でなんでもつくれてしまう現代でも、沖縄からものづくりの文化が消えないのは、そんなふうにして"ものづくり"が暮らしを豊かにいろどってくれると知っているから。

やちむんや琉球ガラス、染織物、民具や生活雑貨、食べものも、
自分の持てる力で手をかけて生み出し、分け合い、長く愛し、大切に使う。
ちょっと違いがあるだけで傷つけたり、誰かを差し置いて独占しようとしたり、
そんな理不尽が簡単に起きてしまう世の中も、沖縄が持つものづくりや、
互いに「思いやる」文化・心は、すべての人をしあわせにできると信じています。
ものづくりの在る暮らしを広げて、互いを思い、それぞれがしあわせでいることを
喜び合える。
わたしたちは、「編集」の力で、伝え、繋ぎ、ちいさくてもそんな体温のある社会
を、沖縄からつくっていきたいです。

「みんなでしあわせになる」未来を見据えたとき、１００年後も暮らしの中にあ
るような〟愛されるものづくり〝を、わたしたちは皆さんと一緒に考えたい。
そうして生まれてくる〟できること〝に、これからも力を注いでいきます。

この本の制作に関わってくれたすべての方に、感謝を込めて。
ありがとうございました。
あなたの旅が、あなたの人生と、沖縄にとって、豊かなものになりますように。

沖縄、
思いが伝わる
つくり手を
巡る旅。

島の装い。TRAVEL BOOK

2024年3月31日　初版第1刷発行

企画・編集　セソコマサユキ
プロデュース　金江幸一(有限会社ホーセル)
デザイン　へんな優(へんなデザイン)、オノマユミ(johki)
写真　青塚博太、島袋常貴、セソコマサユキ、水野暁子
取材・執筆　上村明菜、小嶺萌々子、潮平悠介(有限会社ホーセル)
発行人　セソコマサユキ
発行元　島の装い。プロジェクト
〒901-0225
沖縄県豊見城市豊崎1-329
TEL:098-987-1593
発売元　株式会社トゥーヴァージンズ
〒102-0073
東京都千代田区九段北4-1-3
TEL:03-5212-7442
FAX:03-5212-7889
https://www.twovirgins.jp/
印刷所　株式会社シナノ

ISBN 978-4-86791-004-7
© shima no yosooi project 2024
Printed in Japan

乱丁・落丁本はお取り替えいたします。
本書の無断複写(コピー)は著作権法上での例外を除き、禁じられています。
定価はカバーに表示しています。